M. Schneid

Die Körperlehre des Johannes Duns Skotus

Und ihr Verhältnis zum Thomismus und Atomismus

M. Schneid

Die Körperlehre des Johannes Duns Skotus
Und ihr Verhältnis zum Thomismus und Atomismus

ISBN/EAN: 9783743356108

Hergestellt in Europa, USA, Kanada, Australien, Japan

Cover: Foto ©Thomas Meinert / pixelio.de

Manufactured and distributed by brebook publishing software (www.brebook.com)

M. Schneid

Die Körperlehre des Johannes Duns Skotus

Die Körperlehre

des

Johannes Duns Skotus

und ihr

Verhältniß zum Thomismus und Atomismus.

Von

Dr. M. Schneid,
Professor der Philosophie am bischöfl. Lyceum in Eichstätt.

Mainz,
Verlag von Franz Kirchheim.
1879.

Vorrede.

Seit der Abfassung der Schrift „Die scholastische Lehre von Materie und Form und ihre Harmonie mit den Thatsachen der Naturwissenschaft" ist in der brennenden Frage über das Wesen der Körper ein doppeltes Bestreben hervorgetreten. Die Anhänger des Atomismus suchten nachzuweisen, daß die Scholastik des Mittelalters keine einheitliche Körperlehre besitze. Anders fasse die thomistische Schule den Körper, anders Duns Skotus und die ihm folgenden Lehrer. Die Frage um das Wesen des Körpers sei eine offene gewesen; sie bilde keine Grundfrage des Systems. Deshalb könne man recht wohl an der Wiederherstellung der alten Philosophie arbeiten und doch in dieser Frage seine eigenen Wege gehen. Das zweite Streben zeigt sich darin, daß man die mittelalterliche Körper- und Seelenlehre, wie sie sich bei Skotus und einigen anderen findet, unschwer mit dem gegenwärtigen naturwissenschaftlichen Atomismus versöhnen zu können glaubt.

Nach diesen zwei Seiten hin soll die folgende Abhandlung, die im Wesentlichen bereits im „Katholiken" in einer Reihe von Artikeln erschienen ist, meine Schrift über Materie und Form ergänzen. Sie soll darthun, daß die scholastischen Lehrer, seien es Thomisten oder Skotisten, im Wesentlichen über die leblosen und lebenden Körper und namentlich über das Verhältniß der Menschenseele zum Leibe nicht verschieden denken, und daß sich deshalb die skotistische Körperlehre ebensowenig, als die thomistische, mit der heutigen Naturwissenschaft versöhnen lasse. Selbstverständlich ist all' das unerörtert geblieben, was ich bereits in der genannten Schrift über diese Frage besprochen habe.

Als ich die ersten Kapitel vollendet hatte, kam mir die vortreffliche Schrift des Zigliara über das Concil von Vienne zu Gesicht. Dieselbe überhob mich der Aufgabe, die von den Gegnern so oft erwähnten Verurtheilungen der Lehre des heil. Thomas, sowie die Tragweite des Concilsbeschlusses von Vienne einläßlich zu behandeln, da beide Punkte in dem genannten Werke erschöpfend und unwiderleglich behandelt sind.

Eichstätt, am Feste des hl. Thomas von Aquin 1879.

Der Verfasser.

Einleitung.

Wenn Jemand vor etwa 25 Jahren behauptet hätte, daß gar bald in den katholischen Schulen heftig über die Lehre von Materie und Form disputirt würde, dem wäre mit einem mitleidigen Lächeln gelohnt worden. Und doch ist es so gekommen. Eine Lehre, die man vor noch nicht langer Zeit selbst in katholischen Schulen als eine scholastische Spitzfindigkeit erklärte, ist das Object des heftigsten Kampfes geworden. An der neugegründeten katholischen Universität zu Poitiers theilt diese Lehre, wie uns Briefe berichten, Lehrer und Schüler in zwei Parteien. Die Einen halten zur alten Lehre, daß die Körper aus Materie und Form bestehen; die Anderen lassen die Körper im Sinne der modernen Chemie und Physik aus Atomen zusammengesetzt sein. Viele Streitschriften sind in der jüngsten Zeit in Frankreich, Italien und auch in Deutschland erschienen. Der Streit ist so heftig geworden, daß selbst der h. Stuhl beschwichtigend einschreiten zu müssen glaubte. Wir erinnern an den Brief, den Monseigneur Czacki im Auftrage Pius IX. an den Rector der Universität in Lille geschrieben hat.

Dieser allseitige Kampf im katholischen Lager beweist, daß die mittelalterliche Lehre in den katholischen Geistern bereits wieder tiefe Wurzel geschlagen hat und daß man, wie ehemals, wieder die subtilsten Untersuchungen im Geiste der alten Schule anstellt. Freuen wir uns dessen! Wo wissenschaftliches Leben gedeihen soll, da muß Kampf herrschen. Die Wissenschaft ist das Product unablässigen Kämpfens und Ringens. Aber geben wir acht, auf daß der Kampf immer in würdiger und leidenschaftsloser Weise geführt wird.

Es ist erklärlich, daß bei diesem Streite über eine mittelalterliche Lehre die großen Doctoren der damaligen Zeit eine wichtige Rolle spielen. Jede Partei, wenn wir diesen Ausdruck gebrauchen dürfen, sucht die großen Meister für sich zu gewinnen. Haben wir ja sogar das Schauspiel erlebt, daß man die Lehre des h. Thomas über das Wesen der Körper im Sinne des Atomismus zu verstehen suchte. Ein Anderer ließ es wenigstens dahingestellt sein, ob der englische Lehrer unter Materie und Form das begreife, was man allgemein in den thomistischen Schulen hierüber lehrt. Noch mehr suchen die Anhänger der atomistischen

Körperlehre den Johannes Duns Scotus auf ihre Seite zu ziehen. Wenn sie auch nicht behaupten, daß ihre Lehre mit der des Scotus identisch sei, so sind sie doch der Ansicht, daß sie mit der scotistischen große Aehnlichkeit habe. Dabei erreichen sie den weiteren Zweck, daß die Lehre des h. Thomas nur einem Bruchtheil der mittelalterlichen Lehrer anzugehören scheint, dem Duns Scotus mit der ganzen Franziscanerschule und anderen als entschiedener Gegner gegenübersteht. Und weil ein so großer Theil der mittelalterlichen Lehrer über das Wesen des Körpers ganz anders lehrt, als der h. Thomas und seine Schule, so konnte die Kirche auf dem Concil von Vienne durch die Entscheidung, daß die vernünftige Seele per se et essentialiter forma corporis sei, unmöglich unter „forma corporis" das verstehen, was der h. Thomas und seine Anhänger darunter verstehen. Die Kirche hat damit entweder über das Verhältniß von Leib und Seele gar nichts entscheiden wollen oder, wenn sie das wollte, in einem Sinne, durch den die Lehre des Scotus nicht berührt würde.

Diese und ähnliche Anschauungen finden sich in den neuesten dießbezüglichen Schriften von Palmieri, Fredault, Botalla, Ramière und anderen Anhängern der modernen Atomistik vertreten. Es hängt wohl die Wahrheit einer Lehre nicht davon ab, ob ein h. Thomas oder Scotus für sie eintritt; aber in der Streitfrage über das Wesen der Körper ist das historische Moment dem Gesagten zufolge von besonderem Gewicht. Deßhalb werden wir es in Folgendem unternehmen, die Lehre des doctor subtilis über das Wesen der Körper, sowohl der leblosen, als der lebenden, darzulegen. Es wird sich dann zeigen, ob der Unterschied zwischen der thomistischen und scotistischen Körperlehre ein so großer ist, wie die Anhänger des Atomismus vorgeben. Zugleich wird sich aus der Darstellung der Lehre des Scotus ergeben, ob sich die Atomisten mit ihr decken können, und wie sie sich zur Entscheidung des Concils von Vienne verhält. Um unsere Aufgabe möglichst vollständig zu lösen, werden wir auch die Lehren jener Scholastiker berücksichtigen müssen, die man gern als Gegner des englischen Lehrers in der vorwürfigen Frage ausgibt, um zu sehen, ob in der That die alte Schule in der Lehre von Materie und Form so gespalten ist, wie man vielfach glauben machen möchte.

Erstes Kapitel.

Das Wesen der unorganischen Körper.

Wenn wir die mittelalterlichen Lehrer um das Wesen des Körpers fragen, so antworten uns alle: Das Wesen des Körpers besteht aus Materie und Form. Auch der doctor subtilis macht hierin keine Ausnahme. Auch bei ihm ist die Lehre von Materie und Form die Grundlage des ganzen Systems. Ja, diese Lehre spielt bei ihm eine noch viel größere Rolle, als bei vielen anderen seiner Zeit. Scotus läßt nicht blos die Körperwelt aus diesen zwei Principien zusammengesetzt sein, sondern auch die Geisterwelt. Er findet überhaupt in jedem geschaffenen Wesen die Materie oder den Stoff als Grundlage seines Werdens und Bestehens und all' seiner Veränderung. Er hat sich ganz an die Lehre des Avicebron von der universalen Materie angeschlossen [1]).

Obwohl die mittelalterlichen Peripatetiker darin übereinkommen, daß sie den Körper als ein Compositum von Materie und Form definiren, so herrscht doch nicht völlige Uebereinstimmung in der Bestimmung der beiden Begriffe Materie und Form. Es darf uns nicht Wunder nehmen, wenn wir den doctor subtilis, den beständigen Gegner des englischen Lehrers, unter jenen finden, die den Begriffen von Materie und Form eine etwas andere Fassung geben, als der h. Thomas und seine Schüler. Um jedoch zu erkennen, wie weit Duns Scotus vom h. Thomas abweicht, ist vor Allem nöthig, genau zu bestimmen, was Scotus unter Materie und Form versteht.

Scotus handelt an vielen Stellen seiner Werke über die beiden Wesenstheile des Körpers. Er thut dies nicht blos in den Schriften, in welchen er die aristotelische Lehre commentirt und mit Quästionen versieht, in seiner Physik, Metaphysik und de anima, sondern auch und zwar sehr ausführlich in seinem Werke de rerum principio und in dem Commentar zum Lombarden. Aus diesen vielen Stellen läßt

---

1) Er sagt dies selbst: ego autem ad positionem Avicembronis redeo, et primam partem, sc. quod in omnibus creatis per se subsistentibus, tam corporalibus tam spiritualibus, sit materia, teneo. De rer. princ. qu. 8. u. 24.

sich unschwer bestimmen, wie Scotus die beiden Principien des Seins faßt.

Von der **Materie** gibt er eine vielfache Definition. Die Materie ist ihm Theil und Ursache des Compositums; das Subject der substantialen Veränderungen; sie ist eine Potenz und zwar eine subjective Potenz, die aus sich keine Wirklichkeit und Bestimmung hat, sondern das Sein und die Bestimmung von der Form erhält. Obschon die Materie aus sich keine Bestimmtheit hat, so ist sie doch nicht ein reines Nichts, sondern sie ist eine positive Realität, real von der Form verschieden¹).

Wie man sieht, bestimmt der scharfsinnige Lehrer die Materie in demselben Sinne, wie Aristoteles, Augustin und der h. Thomas. Doch zeigt sich sofort eine Abweichung von den genannten Lehrern in der Art und Weise, wie Scotus die Potenzialität der Materie auffaßt. Er will nämlich die Materie nicht als reine Potenz (potentia pura) gefaßt haben, die ohne die Form gar keine Wirklichkeit hat, sondern der Materie kommt auch ohne die Form ein Sein und eine Wirklichkeit zu. Es ist nach ihm ein doppeltes Sein der Materie zu unterscheiden. Die Materie ist von Gott geschaffen und hat als Terminus der göttlichen Creation ein Sein und eine Wirklichkeit, die von dem Sein verschieden ist, welches sie von der Form erhält. Durch die Schöpfung hat die Materie das Sein als Materie oder den actus entitativus, wodurch sie ist²). Die Form gibt ihr das bestimmte Sein des Compositums, das formale Sein. Käme der Materie kein eigenes Sein zu,

---

1) Dico igitur, quod materia est per se unum principium naturae ... quod est pars alicujus compositi .... quod est per se subjectum mutationum substantialium ... quod est per se causa compositi .... Dicitur ens in potentia, quia quanto aliquid habet minus de actu, tanto magis est in potentia et quia materia est receptiva omnium formarum substantialium et accidentalium: ideo maxime est in potentia respectu earum, et ideo definitur per esse in potentia secundum Aristotelem. In II. Sent. dist. XII. q. 1. n. 11. Die Citate beziehen sich, wenn es nicht anders bemerkt ist, auf die Lyoner Ausgabe von Wadding. Cf. De rer. princip. qu. 7 u. 8 u. theor. XX.

2) Materia est terminus creationis, igitur sequitur quod est aliquid non in potentia objectiva tantum, sed oportet tunc, quod sit in potentia subjectiva existens in actu vel actus, secundum quod omne illud dicitur esse actu vel actus, quod est extra causam suam. In II. Sent. dist. III. qu. 1. n. 11.

unabhängig von der Form, so würde sich ihr Sein von dem der Form nicht unterscheiden. Dann könnte sie aber auch mit der Form keine reale Composition eingehen. Ebenso wenig könnte sie im Körper das passive oder leidende Princip sein, denn was nicht wirklich, das kann auch nicht leiden[1]). Mit anderen Worten: vergleicht man die Materie mit der Form, so kommt ihr keine Wirklichkeit zu, denn sie hat die Bestimmung von der Form; betrachtet man die Materie absolut, so hat sie Sein und Wirklichkeit. Si accipis actum pro actu informante, materia non est actus; si autem accipias actum pro omni eo, quod est extra causam suam, sic materia potest dici ens actu vel actus. Sed secundum communem modum loquendi esse actu attribuitur et appropriatur formae. · In II. S. dist. XII. q. 1. n. 20.

Wenn aber auch die Materie durch die Schöpfung ein eigenes und von der Form unabhängiges Sein erhält, so folgt daraus nicht, daß die Materie früher ist, als die Form. Beide sind gleichzeitig. Gott hat das Compositum geschaffen und mit dem Compositum die Materie. Nur der Ordnung nach geht in der Schöpfung das Sein der Materie als solches dem Sein, das sie von der Form erhält, voraus und muß deßhalb von letzterem unterschieden werden[2]). Dagegen folgt aus der Unterscheidung des doppelten Seins der Materie, daß sie, wenn auch nicht in natürlicher Weise, so doch durch göttliche Macht ohne die Form existiren kann, was bekanntlich Thomas und seine Schule leugnet[3]). Eine weitere Folge der scotistischen Auffassung der Materie ist, daß

---

1) Si materia non esset aliqua res actu, ejus entitas non distingueretur ab entitate et actualitate formae, et sic nullam realem compositionem faceret cum ea . . . . Posse pati ad materiam reducitur, sicut agere ad formam, sed quod non est aliquid actu, non est principium patiendi nec fundamentum, ergo necessario materia habet actualitatem aliam ab actualitate in qua actualitate formae fundantur et stabiliuntur. De rer. pr. qu. VII. a. 1. n. 3.

2) Quamvis autem materia a Deo sit facta ac per hoc habeat suam actualitatem, haec actualitas est alia ab illa, quam habet forma; quia materia licet non sit a Deo nisi sub forma, et ut sic semper simul tempore fuerit materia et simul forma; ordine tamen naturae prius est esse et creatio materiae et per consequens sua actualitas quam forma vel ejus creatio. Ibid. n. 2.

3) In II. S. dist. XII. qu. 2. n. 3.

dieselbe per se erkennbar ist, wenn auch nicht von uns, so doch von Gott; sie hat eine Idee in Gott¹).

Die Materie, von der wir bisher gehandelt haben, nennt Scotus materia primo prima²). Außer ihr unterscheidet er noch die materia secundo prima und die materia tertio prima. Die materia secundo prima ist nicht mehr ohne alle Form und Bestimmung, wie die reine Materie, sondern sie ist schon durch eine substantielle Form bestimmt und besitzt Quantität. Sie ist das Subject für die Generation und Corruption. Die materia tertio prima ist das Subject für die Kunst und für particuläre Naturagentien, die von außen wirken³).

Ist die Materie das Unbestimmte, das Potentiale, beinahe ein Nichts, so muß die Form definirt werden als die Bestimmung und Verwirklichung der Materie. Sie gibt ihr das Sein und die Vollendung — forma communicat materiae suam actualitatem et suum actum essendi et suam operationem⁴). Weil aber die Form der Materie die Wirklichkeit und das esse primum verleiht, so entsteht aus beiden eine substantiale Einheit, eine Einheit im Wesen und in der Natur. Scotus kann nicht genug diese substantiale Einheit betonen, die aus der Verbindung von Materie und Form entsteht. Er kommt an vielen Stellen wieder auf sie zurück. Er will ganz besonders jede Auffassung beseitigt wissen, nach welcher das Compositum aus Materie und Form nur eine accidentelle Einheit ist, wie z. B. die Einheit zwischen der Quantität und dem Körper, dem sie angehört⁵). Noch mehr

---

1) Dico igitur, quod materia secundum se in sua essentia est cognoscibilis, sed non a nobis .... habet enim ideam in Deo. In II. S. dist. XII. qu. 1. n. 20. Cf. ibid. qu. 2. n. 7.

2) Sie ist identisch mit der materia prima des h. Thomas.

3) De rer. princip. qu. 8. n. 20.

4) De rer. princip. qu. 9. n. 53. Cf. Theorem. XXI.

5) Philosophus quaerit, quare aliquid est unum (per se unum) et dicit, quod simplex est unum, quia statim est id, quod est. Sed in compositis est dare aliquam rationem et nescivit philosophus aliam dare, nisi quia hoc est actus, et illud potentia: ita quod hoc est potentia essentialiter receptiva secundum totum genus suum, et illud actus essentialiter perficiens aliud: et ideo ex his fit unum per se sc. ex materia et forma. Non sicut de subjecto et accidente, quia enim tam materia quam forma sunt causae intrinsecae entis compositi, ideo faciunt per se unum: albedo vero et homo non sunt causae intrinsecae, quia homo in ultima actualitate sua, potest esse sine albedine et ideo

verwahrt er sich gegen eine Einheit im Sinne von Aggregation. In diesem Sinne würden sich die beiden Principien einigen, wie etwa ein Stein, der mit einem andern verbunden wird. Das wäre eine Einheit im Thätigsein, aber nicht im Sein. Materie und Form aber einigen sich im Sein. Weil nämlich die Materie aus sich nur ein höchst unbestimmtes Sein, beinahe ein Nichtsein hat, das sie durch die Schöpfung erhalten, so erhält sie Sein und Bestimmung durch die Form und darum entsteht aus beiden eine Einheit der Substanz und Wesenheit[1]).

Eine nothwendige Folge dieser unitas per se ist, daß die Thätigkeit des Compositums weder dem formalen Princip als solchem, noch dem materialen angehört, sondern dem Ganzen oder dem Suppositum, das aus beiden entstanden. Der Körper als einheitliches Princip ist activ und passiv; allerdings ist er activ nur auf Grund des formalen, und passiv nur auf Grund des materiellen Princips[2]).

Wie die übrigen Scholastiker, so nimmt auch Scotus die bekannten vier Elemente an, aus denen die Körper sich bilden. Es entsteht nun die wichtige Frage: wenn aus den Elementen das Compositum entsteht, bleiben dann die Elemente unverändert im Compositum oder verlieren sie ihr Sein? Scotus widerstreitet entschieden dem Avicenna, nach welchem die Elemente substantiell in der Mischung verbleiben; er lehrt, daß die Elemente in der Mischung ihr Sein verlieren und nur mehr virtuell vorhanden sind. Er schließt das virtuelle Verbleiben der Elemente daraus, daß die Thätigkeit des Compositums eine specifisch andere ist, als die der Elemente, aus denen es besteht. Dies wäre nicht möglich, wenn die Elemente in der Mischung unverändert blieben[3]).

---

nec per se habet potentialitatem ad albedinem et ideo tantum faciunt unum per accidens. Aliqua etiam constituunt unum tantum aggregatione, ideo posset esse unum aggregatione. Aliqua etiam sunt unum unitate ordinis, quia scilicet ordinantur ad unum. In II. S. dist. XII. q. 1. n. 14.

1) De rer. pr. qu. 9. art. 1. n. 8.

2) Videmus quod compositum totaliter agit et patitur, ergo potentia activa et passiva in composito vero componunt unum per essentiam, in quantum totum compositum est activum tantum per formam et totum passivum tantum per materiam. De rer. princip. qu. 9. art. 1.

3) Dico ergo ad quaestionem tenendo oppositum utriusque, quod elementa non manent in mixto secundum substantiam, sive remissam (sicut dicit Commentator) sive non remissam, sicut ponit Avicenna ... non enim operatio mixti est ejusdem speciei cum aliqua operatione elementi. In II. S. dist. XV. qu. unica n. 5.

Würden die Elemente im Compositum ihrer Substanz nach vorhanden sein, so wären im Compositum mehrere Substanzen und folglich mehrere Individuen, da die forma substantialis jedes Elementes mit seiner Materie eine substantielle Einheit oder ein Suppositum constituirt; eine solche Annahme, nach welcher die körperliche Substanz eine Summe von Substanzen bildet, ist aber ungereimt und unzulässig[1]). Deßgleichen müsse man bei der Annahme des wirklichen Verbleibens der Elemente lehren, daß jedes Element in der Mischung wie sein eigenes Sein, so seine eigene Quantität hat. Wenn aber in der Mischung jedes Element seine eigene Quantität hat, dann ist das Compositum keine Mischung mehr, dann ist der zusammengesetzte Körper nur eine juxtapositio[2]). Aus diesen und anderen Gründen beweist der scharfsinnige Lehrer, daß die Elemente in der Mischung ihr Sein verloren haben und durch die forma mixtionis in ein höheres Sein aufgenommen worden sind, in welchem sie nur mehr sind, wie das Niedere im Höheren und das Unvollkommene im Vollkommenen.

Aber woher kommt die höhere Form oder forma mixtionis, welche das Sein des Compositums bestimmt? Ist sie vielleicht in der Materie keimhaft vorhanden oder kommt sie von außen? Scotus leugnet beides. Die höhere Form und überhaupt die Formen der Mischung werden durch die Naturkräfte aus der Potenz der Materie educirt. Agens de potentia materiae praeexistentis et quae in fine generationis est pars compositi, educit formam, quae est altera pars compositi, quae prius non fuit in actu nec in re extra sicut ma-

---

1) Forma elementaris nata est cum materia constituere suppositum per se subsistens in genere substantiae: ergo si sint plures formae elementares in mixto, quaelibet constituet suppositum et sic in omni mixto essent plura supposita, quia ibi erit suppositum aquae et suppositum ignis, quorum quodlibet natum est, per se subsistere, quod est inconveniens. Ibid.

2) Omnem substantiam corporalem consequitur quantitas, quae est propria passio substantiae corporeae: sed forma elementi, quantumcunque remissa cum materia constituit substantiam compositam: ergo ipsam consequitur propria quantitas, sicut passio propria, sed eadem propria passio non est plurium subjectorum: ergo in uno subjecto erunt plures quantitates, ut alia quantitas mixti et alia elementi: et ita vel duo corpora erunt simul, vel quaecunque pars mixti, non erit mixta: et ita non erit mixtio nisi juxtapositio. Ibid.

teria. In II. S. dist. XII. qu. 1. n. 17. Die erzeugende und hervorbringende Thätigkeit der Naturkräfte zielt nicht darauf ab, die Form an sich hervorzubringen, denn die Form hat für sich kein Sein, sondern sie geht auf die Hervorbringung des Compositums. Letzteres aber entsteht dadurch, daß die Agentien den Stoff oder die Materie so umwandeln, daß sie zu einem neuen Sein bestimmt wird. Wie die Statue nicht dadurch entsteht, daß der Künstler die Figur der Statue für sich und außerhalb des Marmors hervorbringt und sie dann dem Marmor hinzufügt, sondern dadurch, daß er den Marmor so bearbeitet und umwandelt, daß er aus etwas Formlosem zu der bestimmten Figur i. e. zur Statue wird: in ähnlicher Weise wandeln die Naturkräfte die körperlichen Substanzen um, wodurch der Stoff oder die Materie zu neuem Sein bestimmt wird [1]).

Wenn wir die bisher behandelte Lehre des Scotus mit der thomistischen vergleichen, so läßt sich nicht leugnen, daß zwischen beiden, wie schon bemerkt, manche Abweichungen vorhanden sind. Während der englische Lehrer nur die körperlichen Wesen aus Materie und Form zusammengesetzt sein läßt, nimmt der doctor subtilis eine solche Zusammensetzung in allen geschaffenen Dingen, auch im reinen Geiste, an. Und zwar ist die Materie der Geisterwelt von derjenigen, welche Substrat der Körper ist, nicht verschieden. Beide Reiche bestehen aus derselben Materie. Aber weil die geistige Form die Materie am vollkommensten actualisirt und sich am innigsten mit ihr verbindet, deßhalb wird in den geistigen Substanzen trotz ihrer Zusammensetzung aus Materie die Einheit, Einfachheit und Unkörperlichkeit nicht aufgehoben, wie auch in Folge dieser innigen Durchdringung und Verbindung die Quantität ausgeschlossen wird [2]). Durch eine solche Auffassung des creatürlichen

---

1) Agentia naturalia sic generant compositum, quod quamvis generent per se, nihilominus sua actione educunt de potentia materiae illud, quo compositum principale est tale sc. formam. Proprie ergo tale agens generat compositum, quia sua actione acquirit esse composito: unde licet non causet formam in se, quia nec in se habet esse, causat tamen eam in composito, per quam habet compositum et esse et operari. Sic ut quando de infigurato fit figuratum, agens non causat in se figuram, quia nec in se potest existere, nec ferrum vel aes, quia hoc esse habent a natura, sed causat figuram mere, ac per hoc acquirit sibi novum esse, non novam essentiam, ac per hoc dicitur generare figuratum et proprie. De rer. pr. qu. 10. art. 2. n. 10.

2) **De rer. princip. qu. 7. art. 2.**

Seins unterscheidet sich die scotistische Metaphysik wohl sehr von der thomistischen, aber für die beiderseitige Cosmologie und namentlich für die Lehre über das Wesen des Körpers ist dieser Unterschied von wenig Belang[1]).

Erheblicher ist der Unterschied zwischen den beiden großen Meistern bezüglich der Fassung der materia prima. Während die materia prima nach dem h. Thomas eine potentia pura genannt wird ohne alle Wirklichkeit, besitzt sie nach Scotus unabhängig von der Form ein Sein und eine Wirklichkeit. Dieser Unterschied ist jedoch nicht so groß, als er es zu sein scheint. Er besteht mehr im Worte, als in der Sache. Scotus nimmt den Begriff Act weiter, als der h. Thomas. Act ist nach Scotus Alles, was nicht mehr in objectiver Potenz ist, sondern außer seiner Ursache besteht. Da nun die materia prima als subjective Potenz außerhalb ihrer Ursache existirt, so kommt ihr die Actualität zu. Der h. Thomas dagegen nimmt Act und Form als identisch und deßhalb spricht er der Materie die Wirklichkeit ab. Da nun Scotus zugesteht, daß er nicht in dem Sinne der Materie Actualität zuschreibt, wie der englische Lehrer Actualität versteht, sondern nur in dem Sinne, in welchem die Materie als Realität von der Form sich unterscheidet, schrumpft die Differenz sehr zusammen[2]). Denn auch der h. Thomas theilt der materia prima Sein und Realität zu; sie ist ja Wesenstheil des Körpers und substantiales Princip. Die Form gibt der Materie nicht das materielle Sein als solches, sie gibt der Materie nur die Bestimmung und Verwirklichung zu diesem oder jenem Sein[3]).

---

1) In wie weit Scotus durch seine Lehre von der allgemeinen Materie dem excessiven Realismus sich nähert, siehe Stöckl, Geschichte der Philosophie des Mittelalters. II. Bd. p. 796 ff.

2) Si accipiatur actus, prout distinguitur contra potentiam secundum quae, sc. actum et potentiam, totum ens dividitur; sic actus non convertitur cum forma. Secundum hoc enim omne quod est extra causam suam, est in actu, et secundum hoc etiam privationes dicuntur esse actu: unde caecitas dicitur esse actualiter in oculo carente visu. Si autem loquaris de actu, secundum quod loquitur Philosophus 7 Met. scil. secundum quod est actus receptus et actuans et distinguens: sic distinguitur contra receptivum, et materia est receptivum illo modo, et non est actus. In II. S. dist. XII. qu. 2. n. 7. Cf. ib. qu. 1. n. 15.

3) Vgl. die Schrift des Verfassers „Materie und Form und ihre Harmonie mit den Thatsachen der Naturwissenschaft." 2. Aufl. p. 76.

Mit Uebergehung anderer unbedeutender Unterschiede dürfen wir dem Gesagten zufolge entschieden behaupten, daß zwischen der thomistischen und scotistischen Lehre über das Wesen des Körpers als solchen i. e. des leblosen Körpers keine wesentliche Differenz stattfindet. Nach der einen, wie der anderen Schule besteht der Körper aus einem doppelten Princip, einem activen und passiven, formalen und materialen, bestimmenden und unbestimmten, aus Materie und Form. Keines von beiden kann natürlicher Weise für sich bestehen, sondern nur das aus beiden hervorgehende Compositum hat Existenz. Beide Schulen nehmen vier Elemente an, die selber wahre Körper sind, aus Materie und Form bestehend, und aus denen sich die gemischten Körper bilden. In dem gemischten Körper sind aber die Elemente nicht mehr unverändert und nach ihrer Eigenart vorhanden, sondern sie haben ihre substantiale Form verloren und sind nur mehr potentiell und virtuell vorhanden. Der Stein oder das Metall z. B. besteht nicht aus mehreren substantialen Formen, sondern aus einer einzigen, die den Stoff der Elemente zum Sein des Steines oder des Metalles bestimmt[1]).

Zweites Kapitel.

Das Wesen der organischen Körper und des Menschen.

Während Scotus die Formen der leblosen Körper unmittelbar mit der materia primo prima sich vereinigen läßt, so daß im leblosen Körper nur Eine substantiale Form vorhanden ist: vereinigen sich die höheren Formen, die Formen der lebenden Wesen, nicht unmittelbar mit der Materie, sondern mittelbar. Das Subject, welches in jedem lebenden Wesen (Pflanze, Thier und Mensch) von dem Lebensprincip informirt wird, ist nicht die Materie als solche, sondern eine bereits formirte und zum körperlichen Sein bestimmte Materie. Diese Form, welche den Stoff informirt und ihm das Körpersein verleiht, nennt er forma corporeitatis oder auch forma mixtionis. Jeder lebende Körper und somit auch der Mensch besteht demnach aus zwei Theilen, aus einem Körper, der durch die forma corporeitatis Körper ist, und aus dem

---

1) Auch die Scotisten geben zu, daß bezüglich der Elementenlehre und ihrem Verbleiben in der Mischung zwischen Thomas und Scotus keine Verschiedenheit ist. Cf. Duns Scoti in Phys. Arist. Coloniae 1618. p. 117: „Annotationes P. Arretini."

Lebensprincip oder der Seele. Der doctor subtilis führt für diese von der allgemeinen Schule abweichende Ansicht mehrere Gründe an. Wir lassen die hauptsächlichsten folgen.

Der Hauptgrund, welcher Scotus zur Annahme der forma corporeitatis bewog, ist die Thatsache, daß beim Tode eines lebenden Wesens derselbe Körper zurückbleibt. Der Leichnam eines Menschen z. B. ist derselbe Körper, den der Mensch im Leben besaß. Nimmt man an, daß die Seele auch Seinsprincip für das körperliche Sein des Leibes sei, so ist nicht erklärlich, wie nach der Trennung der Seele vom Leibe der Körper in seinem Sein beharren könne; denn mit dem Entweichen der Form entweicht auch das Sein. Es müßte nämlich nothwendig bei dem Entweichen der einen Form eine andere an ihre Stelle treten. Diese neue Form aber, weil ganz verschieden von der früheren, müßte dem Körper auch ein verschiedenes Sein geben. Da nun dies nicht der Fall ist, da im Gegentheil derselbe Körper nach dem Tode zurückbleibt, so ist die nothwendige Folge, daß auch die Form bleibt, die dem Körper das Sein gab[1]). Dieser Beweis wird dadurch bedeutend gesteigert, daß die verschiedensten Ursachen, welche den Tod eines lebenden Wesens herbeiführen, dieselbe Wirkung erzeugen. Mag ein Stier geschlachtet werden und durch das Messer seinen Tod finden, oder mag er im Rauch ersticken, oder im Wasser ertrinken, oder vom Blitz getödtet werden: immer bleibt derselbe Körper zurück. Dies wäre abermals unmöglich, wenn diese Todesursachen eine neue Form hervorbringen sollten, die den früher von der Seele bestimmten Stoff zu neuem und ver=

---

1) Sic in proposito forma animae non manente corpus manet; et ideo universaliter in quolibet animato necesse est ponere illam formam, qua corpus est corpus, aliam ab illa, qua est animatum. Non autem loquor de illa, qua est corpus, hoc est individuum corporis, quod est genus, nam quodcunque individuum sua forma taliter est corpus, ut corpus est genus et habens corporeitatem, sed loquor de corpore, ut est altera pars compositi. Per hoc enim non est individuum nec species in genere corporis nec in genere substantiae, quod est superius, sed tantummodo per reductionem. Unde corpus, quod est altera pars manens quidem in esse suo proprio sine anima, habet per consequens formam, qua est corpus isto modo, et non habet animam: et ita illa forma necessario est alia ab anima, sed non est aliquod individuum sub genere corporis, nisi tantum per reductionem, ut pars, sicut nec anima separata est per se inferius ad substantiam, sed tantum per reductionem. In IV. S. dist. XI. qu. 3. n. 54.

schiedenem Sein bestimmen würde¹). Denn es ist unmöglich, daß die verschiedensten Ursachen immer und unter allen Umständen dieselbe Wirkung erzeugen. Es bleibt deßhalb nichts Anderes übrig, als eine forma corporis anzunehmen, wodurch der Körper zur Aufnahme der Seele disponirt und organisirt wird, und die nach der Trennung der Seele noch eine Zeit lang bleibt, bis sich der Körper in seine Elemente auflöst.

In der Annahme einer forma corporeitatis glaubt sich Scotus auch durch die Auctorität des „Philosophen" bestärkt, welcher die Seele definirt als „actus corporis physici organici habentis vitam in potentia". Die Seele wird von Aristoteles nicht als Act der bloßen Materie, sondern des organischen Körpers bezeichnet. Demnach wird die Seele nicht von der puren Materie, sondern von einem organischen Körper aufgenommen. Dies ist aber nur denkbar, wenn das beseelte Wesen durch zwei Formen bestimmt ist, durch die forma mixtionis und die vernünftige Seele²).

Diese Anschauung scheint auch in der allgemeinen Redeweise begründet zu sein. Bei den lebenden Wesen sagt man, sie bestünden aus Leib und Seele, während man bei den leblosen nicht in dieser Weise

---

1) Non potest esse regulariter idem effectus a quibuscunque et quantumcunque diversis agentibus, sed a quacunque et qualitercunque corrumpatur corpus vivum, dum tamen non statim resolvatur in elementa, semper producitur cadaver idem et ejusdem rationis. Patet ad sensum; sed idem non potest esse terminus proprius actionis hujus et illius agentis; ergo non est novum productum per actionem corruptivam ipsius animati, sed est derelictum. Apparet istud in speciali, si bos per cultellum, submersionem vel interfectionem vel aliis modis corrumpatur, semper derelinquitur idem cadaver et ejusdem rationis: corrumpentia autem haec et illa, non sunt nata inducere eandem formam, et hoc statim absque omni alteratione praevia: imo si deberet eadem talis forma induci et ab eodem agente, adhuc videretur uniformis alteratio necessaria praevia: sed hanc quantumcunque difformis alteratio praecedat, et ab alio et alio agente, semper sequitur idem terminus. Ibid. qu. 3. n. 38.

2) Quia Arist. 2 de an. ait corpus positum in hac definitione esse subjectum animae: sed nec compositum ex materia prima et anima, ut dante esse corporeum, nec materia prima solitarie sumpta est subjectum animae, ergo. Duns Scoti quaestiones sup. lib. Arist. de anima. Disp. I. sect. IV (Ausgabe v. H. Cavellus).

sich ausdrückt. Man sagt z. B. nicht: der Stein besteht aus einem Körper und aus der entsprechenden Form, sondern man sagt: der Stein besteht aus Materie und der substantialen Form. So scheint auch die allgemeine Ausdrucksweise für die scotistische Lehre einzutreten.

Außer philosophischen Beweisen führt der scharfsinnige Lehrer auch theologische an, deren vorzüglichster folgender ist: Würde bei dem Tode eine neue Form den Körper informiren, so wäre nicht mehr numerisch derselbe Körper vorhanden, wie vor dem Tode. Die nothwendige Folge davon ist, daß der Leib Christi im Grabe nicht mehr derselbe Leib gewesen ist, den er im Leben hatte. Das Letztere wird Niemand zu behaupten wagen, da fast alle heiligen Väter lehren, daß derselbe Leib, den Christus aus Maria aufgenommen, mit dem er gelebt und gelitten hat, im Grabe gelegen und vom Grabe wieder auferstanden sei. Damit hängt eine andere Ungereimtheit zusammen, die derjenige annehmen muß, welcher die forma corporeitatis leugnet. Wäre nämlich am letzten Abendmahle eine Hostie consecrirt und während des triduum aufbewahrt worden, so wäre in derselben nicht der wahre Leib Christi zugegen gewesen, sondern ein anderer, von einer forma cadaverica informirter Leib. Wer aber wollte das annehmen [1])?

Der doctor subtilis ist nicht der erste gewesen, welcher eine Pluralität der substantialen Form in Einem Compositum lehrte. Vor ihm haben Petrus Lombardus und Heinrich v. Gent zwei substantiale Formen im Menschen angenommen, wenn auch ihre Lehre in mancher Beziehung von der scotistischen abweicht. Es mußte deßhalb schon der englische Lehrer zu dieser Frage, die später ein Hauptzankapfel zwischen den Dominicanern und Franziscanern wurde, Stellung nehmen. Er kommt auf diese Ansicht mehrfach in seinen Schriften zurück und hat darüber ein eigenes Opuskel geschrieben, zu welchem P. Cornoldi jüngst einen vortrefflichen Commentar verfaßte.

Der h. Thomas widerstreitet entschieden der Lehre, daß in einem einheitlichen Wesen zwei oder mehrere substantiale Formen sein können.

---

1) Haec (sc. forma corporis) manet eadem, sive anima uniatur illi, sive non uniatur, quia haec prior est naturaliter saltem in informando ipsa anima, et in triduo mansit, anima non manente ibi: et in triduo fuisset eadem res hujus Sacramenti, si Sacramentum tunc mansisset, quia in illo triduo forma corporeitatis non fuit separata a materia sua in Christo et per consequens nec separata a materia sua, ut in Eucharistia. In IV. S. dist. XI. qu. 3. n. 57. Cf. ib. n. 28 u. 32.

Eine solche Annahme hebt vor Allem die Einheit des Seins im Menschen und in jedem lebenden Wesen auf. Die Form ist in jedem Wesen das seingebende Princip. Statuirt man mehrere Formen in demselben, dann muß man auch ein mehrfaches Sein annehmen — homo non esset unum ens, sed plura¹). Ebenso zerstört die bekämpfte Lehre den Unterschied zwischen der substantialen und accidentellen Form. Die forma substantialis ist jene, welche das erste Sein gibt oder das esse simpliciter; die accidentelle Form kommt als ein esse secundarium zum substantiellen Sein hinzu und verleiht ein esse secundum quid. Hat nun der Leib im Menschen und in jedem lebenden Wesen ein eigenes Sein durch eine eigene substantiale Form, dann kann die Seele nur als ein esse secundarium, als etwas Accidentelles zum Leibe hinzukommen. Da nun die Seele als geistige Substanz nicht accidentelle Form sein kann, so bleibt nichts anderes übrig, als den Unterschied zwischen substantialer und accidenteller Form zu leugnen²).

Diese und die anderen Gründe des h. Thomas sind dem Scotus wohl bekannt; er führt sie ausdrücklich an³). Was aber antwortet er darauf? Wie rettet er die Substanzeinheit im Menschen?

Der englische Lehrer bringt durch seine Lehre, daß die Seele nicht blos vegetatives und sensitives Princip im Menschen ist, sondern auch dem Leibe das körperliche Sein gibt, Leib und Seele in die innigste Beziehung und Einheit; beide machen miteinander Ein Sein und Eine Wesenheit aus. Scotus will die Einheit nicht weniger innig fassen; er will die Einheit von Leib und Seele sogar noch inniger gefaßt wissen, als in der Dominicanerschule. Beide sollen eine viel innigere Einheit ausmachen, als die unter dem Menschen stehenden Wesen. Die Einheit des Seins wird nämlich von der Form verursacht. Je höher nun das formale Princip in einem Compositum ist, desto mehr durchdringt es den Stoff und zieht ihn an sich und macht ihn mehr mit sich eins.

---

1) Animal non esset simpliciter unum, cujus essent animae plures: nihil enim est simpliciter unum nisi per formam unam, per quam habet res esse; ab eodem enim habet res quod sit ens et quod sit una: et ideo ea quae denominantur a diversis formis, non sunt unum simpliciter sicut homo albus. S. th. I. qu. 76. a. 3. Cf. ib. a. 4.

2) Den Beweis, welchen Scotus und vor ihm Heinrich v. Gent aus der aristotelischen Definition von der Seele führen, widerlegt Thomas S. th. I. qu. 76. art. 4. ad 1.

3) In IV. S. dist. XI. qu. 3. n. 25—28.

Die Menschenseele ist aber die höchste und vollkommenste Form der sichtbaren Welt, die den Stoff am vollkommensten durchbildet und ausgestaltet¹). Nothwendig muß darum die Menschenseele mit dem Leibe die innigste und vollendetste Einheit bilden — tota ratio unitatis, quae possit esse in aliquo composito pure naturali, terminatur in homine ut in ultimo termino naturae: propter quod dico, quod in homine est major unitas essentialis, quam in aliquo bruto vel composito naturali, et in eo terminatur omnis ratio unitatis ut in termino²).

Diese innige Einheit glaubt der doctor subtilis dadurch festhalten zu können, daß er das Sein, welches der Leib durch die forma corporeitatis erhält, als sehr niedrig bezeichnet. Die Form der Körperlichkeit gibt nämlich dem Leibe kein completes Sein, sie macht ihn nicht zur körperlichen Substanz, sondern sie gibt ihm nur ein incompletes, theilweises Sein. Durch dieses partiale Sein, das der Leib durch die forma mixtionis hat, ist er weder ein specifischer Körper, noch ein körperliches Individuum, noch gehört er zum Genus der körperlichen Substanz³). Die forma corporeitatis gibt dem Stoffe nicht das Sein des „menschlichen" Körpers, sondern nur das generische Körpersein; das specifische Sein, wodurch der Körper ein menschlicher Körper ist, verleiht die Seele. Das Sein, welches die forma corporeitatis dem Stoffe im Menschenleibe gibt, ist deßhalb viel niedriger, als das Sein, welches die Form des Minerals oder der Pflanze dem Stoffe verleiht. Letztere Formen bestimmen den Stoff zu einer completen Substanz, die Körperform aber nur zu einer Theilsubstanz; ihre Aufgabe ist, den Stoff nur zu disponiren und mit solchen Qualitäten zu versehen, damit er die Seele aufnehmen kann⁴). Und weil diese forma corporis keine

---

1) Forma intellectiva est summe forma perfecta in genere formarum ac per hoc intimius unibilis materiae suae, actu unietur et perficiet eam. De rer. pr. qu. 9. art. 2. s. 3.

2) De rer. princip. qu. 9. art. 2. s. 3. Der Artikel trägt die Ueberschrift: Verius et perfectius unitur anima intellectiva corpori humano, quam alia quaecunque forma suae materiae.

3) Cf. die Stelle aus IV. S. dist. XI. qu. 3. n. 54, welche wir oben S. 12, Note 1 angeführt haben.

4) Forma corporeitatis est natura sua forma incompleta, disponens materiam animae, et ideo statim perit ablata anima, at vegetativa in sua ratione est forma completa, persistens sine sensitiva et intellectiva. Duns Scot. de an. disp. I. de an. subst. sect. 7. n. 3.

Activität verleiht, darum kann sie auch nach der Trennung der Seele vom Leibe den entgegengesetzten Kräften keinen Widerstand entgegensetzen und kann ihr Sein nicht erhalten. Sie geht sofort der Auflösung in die Elemente entgegen [1]).

Durch eine solche Auffassung der forma corporis glaubt Scotus den Einwürfen des h. Thomas siegreich begegnen zu können. Die Annahme einer doppelten Form in jedem lebenden Wesen thut durchaus der Einheit des Seins keinen Eintrag. Der aus Leib und Seele bestehende Mensch hat nur ein einziges Sein, das jedoch aus zwei Seinstheilen (esse partialia) besteht [2]). Scotus gesteht sogar zu, daß das formale Sein des Menschen und jedes lebenden Wesens principaliter von einer einzigen Form verursacht wird, von der Seele. Die Seele ist es, durch welche das ganze Compositum dieses bestimmte Sein ist. Die vorausgehende Form verhält sich nämlich zur folgenden i. e. zur Seele als Materie. Der durch die forma mixtionis informirte Körper ist Potenz und Materie für die intellective Seele, welche den Körper completirt und dem ganzen Compositum das Sein gibt [3]).

---

1) Non manet (sc. forma corporis) in esse perfecto et quieto: quia qualitates consequentes eam sunt corruptae secundum gradum, secundum quem consequuntur eam in esse perfecto et quieto. Et ideo nullum corpus animabile habet simpliciter esse perfectum et quietum, recedente anima: immo statim est in continua tendentia ad resolutionem sui in elementa. In IV. S. dist. XI. qu. 3. n. 55.

2) Totius compositi est unum esse et tamen includit multa esse partialia: sicut totum est unum ens, et tamen multas entitates partiales habet. Ibid. n. 46.

3) Si tamen omnino fiat vis in verbo, concedo quod formale esse totius compositi est principaliter per unam formam, et illa forma est, qua totum compositum est hoc ens, ista autem est ultima adveniens omnibus praecedentibus; et hoc modo totum compositum dividitur in duas partes essentiales, in actum proprium, sc. ultimam formam, qua est illud quod est, et propriam potentiam illius actus, quae includit materiam primam cum omnibus formis praecedentibus. Et isto modo concedo, quod esse illud totale est completive ab una forma, quae dat toti illud quod est: sed ex hoc non sequitur, quod in toto includatur praecise una forma vel quin in toto includantur plures formae, non tanquam specifice constituentes illud compositum, sed tanquam quaedam inclusa in potentiali istius compositi. Ibid.

Die Einheit des Seins wird somit durch die Körperform nicht beeinträchtigt.

Und wie die Einheit des Seins nicht zu Schaden kommt, so wird auch die Unterscheidung von forma substantialis und accidentalis nicht aufgehoben. Auch Scotus nimmt an, daß die forma substantialis das esse simpliciter gibt, während die forma accidentalis nur ein esse secundum quid verleiht. Omnis forma substantialis dat esse simpliciter, et accidentalis non simpliciter, sed secundum quid[1]). Er leugnet nur, daß lediglich die erste Form, welche die materia prima actualisirt, das esse substantiale bewirken könne. Nach ihm vermag eine Form, welche dem Stoffe nur ein theilweises Sein verleiht, noch von einer zweiten substantialen Form completirt zu werden, welche das complete und vollkommene Sein des Ganzen herstellt. Dies ist nun der Fall bei der Seele, welche die incomplete Substanz des Körpers zur completen Substanz perfectionirt. So bleibt die Seele im wahren Sinne substantiale Form, wie auch die accidentellen Formen durch sie nicht verdrängt werden.

Wie man sieht, mildert Scotus seine Lehre von der forma corporeitatis sehr. Der durch sie informirte Menschenleib ist weder Substanz, noch Individuum, noch überhaupt etwas solches, das zum Genus der Substanz gehört. Aber trotz dieser Milderung dürfte Scotus den Einwürfen des englischen Lehrers nicht entgehen. Wenn die Seele dem Leibe nicht das substantielle Sein gibt, sondern der Leib von der Form schon das Sein hat, wie kann dann die Seele noch substantielle Form des Leibes sein? Wie kann sie mit ihm eine Einheit des Seins bilden? Und wiederum, wenn der durch die Körperform bestimmte Leib nach der Trennung der Seele für sich besteht (ob dieses Bestehen von langer oder kurzer Dauer ist, kommt hier nicht in Frage), warum sollte er nicht eine complete Substanz sein? Ebenso wird man zweifellos zugeben, daß sich der von der Seele getrennte Leib, etwa ein menschlicher Leichnam, von jedem andern Körper unterscheidet, wie aber sollte er dann nicht ein Individuum sein? Scotus möge suchen, diese Widersprüche zu heben, wir vermögen es nicht. Wir machen nur darauf aufmerksam, wie unrichtig es ist, wenn unsere Gegner nicht laut genug verkünden können, daß die thomistische Lehre die Difficultäten nicht

---

1) Ibid. n. 50. Cf. Duns Scot. de An. qu. 15. n. 12.

zu erklären vermöge, während die scotistische Auffassung dieselben leicht zu heben im Stande sei. Die Schwierigkeiten sind durch die scotistische Lehre nicht nur nicht gehoben, sie sind vergrößert, sie sind zu Widersprüchen geworden.

Drittes Kapitel.

Das Verhältniß der scotistischen Lehre zur thomistischen.

Es hat keine Schwierigkeit geboten, die Lehre des doctor subtilis über die leblosen Körper mit der des englischen Lehrers in Einklang zu bringen. Das gleiche Unternehmen dürfte bei der Lehre über das Wesen der lebenden Körper und des Menschen nicht gelingen. Es haben allerdings gerade in jüngster Zeit Versuche stattgefunden, die forma corporis des Scotus so zu interpretiren, auf daß sie mit der thomistischen Auffassung sich verträgt. Zu diesen Versuchen gehört das, was Cornoldi in seinem bereits gerühmten Commentar über die Pluralität der Formen geschrieben[1]). Er glaubt, in einer Stelle der Physik des Scotus den Schlüssel zur Verständigung zwischen den beiden großen Meistern gefunden zu haben. Der Franziscanerlector, P. Damaso de Marchi[2]), stimmt diesem Modus der Versöhnung vom Herzen bei und glaubt, daß fortan die Schüler des h. Thomas und des Scotus und Bonaventura in geschlossener Reihe um so energischer den Atomismus und Dynamismus bekämpfen können.

Die betreffende Stelle, auf welcher sich die Conciliation aufbaut, findet sich in der XX. Quästion zum ersten Buche der aristotelischen Physik. In dieser Quästion stellt sich der scharfsinnige Lehrer die Frage: Utrum materia prima sit cognoscibilis. Er entscheidet sich mit Aristoteles für eine analoge Erkenntniß derselben — materia cognoscibilis per analogiam ad formam. Unter den Gründen für diese analoge Erkenntniß führt er auch folgenden auf: Die materia prima

---

1) La scienza Italiana 1876. vol. II. p. 316. „Come debba concepirsi la corporeità."

2) Seinen Brief an P. Cornoldi siehe Sc. Ital. 1877. vol. II.

ist ohne alle Form, sie schließt gar keine actuelle Form ein, denn sie ist reine Potenz. Dann aber macht er sich den Einwurf: Sed contra objicitur: quia corporeitas est quaedam forma, et tamen materia determinat sibi, quod sit corporea. Die Antwort, die er sich auf den Einwurf gibt, lautet: Ad instantias de corporcitate dico, quod corporeitas non est aliqua forma.

Da Scotus so entschieden in Abrede stellt, daß die corporeitas eine Form sei, und er die Körperlichkeit in der materia prima findet — materia determinat sibi quod sit corporea, so glaubt Cornoldi, daß Scotus unter seiner forma corporis nichts weiter verstehe, als die natürliche Anlage und aptitudo der Materie zur Quantität und dreifachen Ausdehnung. Die Materie ist ja in jedem körperlichen Wesen dasjenige Princip, in welchem die Ausdehnung, Theilbarkeit und alle Unvollkommenheit des Körpers wurzelt, gerade das, was wir mit Körperlichkeit zu bezeichnen pflegen, während die Form das bestimmende und vervollkommnende Princip ist. Die Stofflichkeit oder, was dasselbe ist, die Körperlichkeit gründet somit in der Materie. Faßt man die forma corporeitatis in diesem Sinne, so kann man mit Scotus sagen, daß sie weder Substanz, noch ein bestimmtes Sein, noch ein Individuum ist. Jedoch kann man von ihr behaupten, daß sie jeder Information vorausgeht und daß sie noch bleibt, auch wenn das leblose oder lebende Wesen zerstört wird, denn die corporcitas in diesem Sinne kann der materia prima nie verloren gehen, sie fällt mit ihrem Sein zusammen. In diesem Sinne kann auch die thomistische Schule sich die forma corporis gefallen lassen.

Cornoldi bemerkt sehr richtig, daß der Aquinate „corporcitas" nie in dem angegebenen Sinne gebraucht. Der Aquinate versteht unter corporcitas nie die materia prima oder das Princip der dreifachen Ausdehnung, er versteht unter „Körperlichkeit" die dreifache Ausdehnung selber oder jenes Accidens, das aus dem körperlichen Compositum von Materie und Form hervorgeht. Die Körperlichkeit ist ihm deßhalb eine accidentelle Form. Bisweilen nimmt er wohl corporeitas auch im substantiellen Sinne, die Körperlichkeit ist dann so viel als jede substantiale Form, in Folge deren der Körper in eine bestimmte Species eingereiht und der dreifachen Ausdehnung theilhaft wird — sic corporeitas cujuscunque corporis nihil est aliud quam forma substantialis ejus, secundum quam in genere et specie collocatur, ex qua debetur rei corporali, quod habeat tres dimensiones[1]). Wenn aber auch die beiden Lehrer in der Ausdrucksweise differiren, so stimmen sie doch nach der angewendeten Erklärung der scotistischen Lehre von der forma corporeitatis in der Sache überein.

Es entsteht nun die wichtige Frage, von der die ganze Versöhnung abhängt: lassen sich die übrigen Stellen, in denen der doctor subtilis von der forma corporis handelt, in dem von Cornoldi angegebenen Sinne deuten? So wünschenswerth die Vereinigung der beiden großen Denker in einem so wichtigen Punkte ist und so sehr die Versuche zu dieser Vereinigung Anerkennung verdienen: so halten wir doch eine Versöhnung im angegebenen Sinne für unmöglich. Wir verweisen zu diesem Zwecke auf die obigen Citate, in denen Scotus die Lehre von der Körperform entwickelt. Zur Evidenz dürfte aus diesen Stellen hervorgehen, daß Scotus in den lebenden Wesen außer dem Lebensprincip noch eine forma corporis statuirt, die er durchaus nicht als identisch mit der materia prima faßt. Wenn Scotus unter „Körperlichkeit" nur jene Seite der materia begreift, nach welcher sie Quelle der Ausdehnung ist, wozu dann der heftige Kampf des Scotus gegen Thomas? Wozu dann die immer wiederholte Lehre von der Pluralität der substantialen Form in Einem Compositum? Und wie wäre es möglich,

---

[1] Corporeitas dupliciter accipi potest: Uno modo secundum quod est forma substantialis corporis, prout in genere substantiae collocatur, et sic corporeitas cujuscunque corporis nihil est aliud, quam forma substantialis ejus, secundum quam in genere et specie collocatur, ex qua debetur rei corporali quod habeat tres dimensiones. Non enim sunt diversae formae substantiales in uno et eodem, per quarum unam collocatur in genere supremo, puta substantiae, et per aliam in genere proximo, puta in genere corporis vel animalis, et per aliam in specie, puta hominis aut equi; quia si prima forma faceret esse substantiam, sequentes formae jam advenirent ei, quod est hoc aliquid in actu et subsistens in natura, et sic posteriores formae non facerent hoc aliquid, sed essent in subjecto, quod est hoc aliquid sicut formae accidentales. Oportet igitur quod corporeitas, prout est forma substantialis in homine, non sit aliud quam anima rationalis, quae in sua materia hoc requirit, quod habeat tres dimensiones; est enim actus corporis alicujus. — Alio modo accipitur corporeitas prout est forma accidentalis, secundum quam dicitur corpus esse in genere quantitatis; et sic corporeitas nihil aliud est quam tres dimensiones, quae corporis rationem constituunt. S. c. G. l. IV. c. 81.

daß nach der Trennung der Seele der Cadaver selbsteigene Subsistenz besäße? Scotus gibt überdies ausführlich die Gründe an, warum er gegenüber anderen Lehrern in den lebenden Wesen außer der Seele noch eine andere substantiale Form annehmen zu müssen glaubt.

Aber, wird man einwenden, Scotus weist doch eine forma corporeitatis ausdrücklich ab. Wenn er in seinen anderen Schriften eine solche statuirt, dann steht er mit seiner Physik im offenen Zwiespalt. Wir glauben nicht, daß Scotus bezüglich dieser Lehre sich widerspricht, wenn wir auch zugeben wollen, daß er sich nicht immer ganz klar ausdrückt, was er unter forma corporis versteht. Wir hoffen im Folgenden, diesen scheinbaren Zwiespalt zu heben [1]).

Scotus redet in der angeführten Quästio seiner Physik nicht von dem lebenden Körper und noch weniger von dem Menschen, er redet von dem leblosen Körper und seinen Wesensbestandtheilen. In dem unorganischen Körper nimmt aber Scotus eine forma corporeitatis nicht an, sondern nur in dem lebenden. Er bleibt sich somit vollständig consequent, wenn er für das Gebiet der leblosen Wesen die Körperform negirt. Daß dies der Sinn des Einwurfes und seiner Lösung ist, geht einerseits daraus hervor, daß Scotus hier von der materia prima handelt und nicht von der materia primo secunda, welche Substrat des Lebensprincips oder der Seele ist. Andererseits zwingt zu dieser Auffassung der Tenor des Einwurfes selbst. Der doctor subtilis will sagen: Nach meiner Lehre ist die Materie jenes Princip im Körper, in welchem das Stoffliche oder Körperliche, die Körperlichkeit wurzelt — quae determinat sibi quod sit corporea. Zu gleicher Zeit aber gibt es unter den Formen auch solche, welche die Körperlichkeit verleihen — corporeitas est quaedam forma. Wie nun löst sich dieser Widerspruch? Scotus antwortet: Dieser Widerspruch löst sich einfach dadurch, daß ich negire, daß die corporeitas in den leblosen Wesen eine Form ist.

Unsere Ansicht gewinnt dadurch noch besondere Kraft, daß die ganze Franziscanerschule ihrem Meister die Lehre von der forma corporis beilegt. Wir kennen keinen Scotisten, der nicht überzeugt ist, daß Scotus dieser Lehre huldigt, wie wir auch keinen Commentator der scotistischen Physik wissen, der sich durch die fragliche Stelle in seiner Ueberzeugung hätte irre machen lassen.

---

[1] Nach jenen, welche dem Scotus die Autorschaft der Physik absprechen, löst sich der Zwiespalt von selbst.

Cornoldi dürfte auf unsere Auffassung Folgendes erwidern: Aber von der forma corporis im scotistischen Sinne kann man sich keinen Begriff bilden. Was soll das für ein Körper sein, der durch die forma corporeitatis constituirt wird? Soll es ein Körper sein mit dreifacher Ausdehnung, aber ohne specifisches Sein, i. e. ohne bestimmte Natur und Wesenheit? Aber ein solcher Körper ist ein reines Unding. Er kann der Information durch die Seele weder vorausgehen, noch bleiben, wenn die Information aufhört. Oder gibt etwa diese Form dem Stoffe das Sein der Elemente, so daß man unter dem Menschenleibe etwa die chemischen Elemente zu verstehen hätte, die ihn constituiren? Aber Scotus nimmt, wie die anderen Scholastiker, eine substantiale Veränderung der Elemente an, der zufolge die Elemente nur mehr virtuell in der Mischung sind. Man kann auch nicht sagen, die forma corporis gebe das Cadaversein. Denn der Cadaver geht der Einschaffung der Seele nicht vorher, und der Körper, welcher beim Tode zurückbleibt, ist nicht ein unbestimmter Körper, sondern der Leichnam ist ein bestimmter, individueller Körper, eine complete körperliche Substanz. Es läßt sich somit mit der forma corporis gar kein bestimmter Sinn verknüpfen; sie ist voll von Widersprüchen.

Wir stimmen mit Cornoldi vollkommen überein, daß sich ein solches Sein, wie es durch die forma corporis constituirt werden soll, nicht denken läßt. Aber daraus folgt doch wohl nicht, daß Scotus die Körperform nicht gelehrt hat. Der scharfsinnige Lehrer hat manchen kühnen Gedanken ausgesprochen, den wir ihm nicht nachzudenken vermögen. So dürfte es ihm auch mit dem Gedanken von der forma corporeitatis ergangen sein. Es dürfte deßhalb nicht leicht gelingen, in dieser Beziehung die zwei Heroen mittelalterlichen Denkens in Einklang zu bringen. Aber wenn auch Scotus durch die Annahme einer doppelten Form in den lebenden Wesen von dem englischen Lehrer differirt, so kommt er mit ihm doch überein, wenn es gilt, die Einheit und das Sein des lebenden Wesens zu bestimmen. Scotus hält nicht minder als der Aquinate fest, daß das Sein der lebenden Körper ein einheitliches ist und zwar eine unitas per se, eine substantiale Einheit. Die Seele ist für den durch die Körperform constituirten Körper forma substantialis und actus primus[1]); sie gibt das specifische

---

[1] Isto modo anima est primus actus corporis, quia est actus essentialis ejus, et ideo non oportet, quod hoc conveniat ratione totius, sed sufficit quod ratione suae formae. Scot. de An. qu. 15, n. 13.

Sein und die bestimmte Natur[1]). Und weil Scotus die Einheit des Körpers in gleicher Weise aufgefaßt wissen will, wie der doctor angelicus, darum kommen beide in der Hauptsache überein. Die Frage, wie sich die beiden Componenten im Compositum zu einander verhalten, ist eine untergeordnete Frage. Es haben somit Jene vollkommen Recht, welche behaupten, daß die Scotisten, wie die Thomisten über den unorganischen und organischen Körper im Wesen dasselbe lehren und daß hierin zwischen den mittelalterlichen Schulen kein Zwiespalt besteht. Der Grundgedanke von Materie und Form beherrscht die ganze Scholastik, daran ändert auch das Eifern des P. Botalla nichts.

Viertes Kapitel.
Die Körperlehre des Alexander von Hales, Albertus Magnus, Bonaventura, Heinrich von Gent, Durandus, Suarez und anderer Scholastiker.

Wie schon in der Einleitung dieser Untersuchung angedeutet ist, gipfelt ein Haupteinwurf gegen die thomistische Körperlehre darin, daß dieselbe durchaus nicht in der mittelalterlichen Schule allgemein angenommen gewesen sei; sie sei nur eine Lehre, welche den Thomisten angehöre, und auch in der Dominicanerschule sei sie nicht von Allen festgehalten worden. Gegen die thomistische Auffassung vom Körper stünde die ganze Franziscanerschule mit Alexander v. Hales, Bonaventura und Scotus an der Spitze. Vor dem h. Thomas sei diese Lehre von den christlichen Peripatetikern allgemein verworfen worden, und Albert der Große habe sie sein ganzes Leben hindurch beständig bekämpft. Auch die neuere Scholastik, als deren vorzüglichster Repräsentant Suarez gilt, stehe der thomistischen Körperlehre feindlich gegenüber. Im 17. Jahrhundert sei sie von dem größten Theile der katholischen Schulen aufgegeben und im 18. Jahrhundert allgemein von allen katholischen Schulen

---

1) Quamvis sint diversae formae in homine, dantes diversa esse, anima intellectiva non solum dat esse intellectui, sed perficit actus aliarum formarum. Quod patet, quia ipsa recedente incipit materia corrumpi quoad actus aliarum formarum; ergo si secundum Boëtium forma dat esse, ista forma dans esse consummatum et perfectum, quale creaturae corruptibili potest communicari, est perfectior omni forma ac per hoc unitiori et intimiori forma intimat et unum facit, tanquam forma, in qua terminatur tota ratio essendi. De rer. pr. qu. 9, a. 2. s. 3.

mit Ausnahme der strengen Thomisten zurückgewiesen worden[1]). Aus diesen Thatsachen wollen die Gegner des Engels der Schule weiter folgern, daß man es bezüglich der Lehre von Materie und Form lediglich nur mit einer Controverse zu thun habe, zum Systeme der alten Schule gehöre sie nicht. Man könne deßhalb recht wohl ein Scholastiker sein, ohne dieser Lehre anhängen zu müssen. Sie eifern sich deßhalb sehr gegen alle Jene, welche die Lehre über die constitutiven Principien der Körper zu einer Fundamentallehre der mittelalterlichen Schule machen.

Um die Bedeutung dieser Einwürfe würdigen zu können, wird es nothwendig sein, daß wir die Lehren der vorzüglichsten Repräsentanten der Scholastik über das Wesen der Körper kurz anführen. Wir beginnen mit Alexander von Hales, dem Gründer der Franziscanerschule.

In **Alexander von Hales** begegnet uns der erste Systematiker des 13. Jahrhunderts; ihm verdanken wir die erste Summa von Bedeutung. Er kennt bereits die arabisch-aristotelische Philosophie und weiß sie zu verwerthen. Gleichwohl nimmt der Stagirite in seiner Summa theologica noch nicht die hervorragende Stelle ein, wie bei den folgenden Meistern; die sancti und sententiae sanctorum, unter ihnen vor Allem der h. Augustin, sind ihm an erster Stelle maßgebend. Es läßt sich auch nicht leugnen, daß seine philosophischen Lehren vielfach von den Platonikern des 12. Jahrhunderts beeinflußt sind. Daraus dürfte sich auch erklären, warum trotz der Reichhaltigkeit und Planmäßigkeit des Materials in seiner Summa manche Frage nur spärlich behandelt und mancher Lehrpunkt unsicher und dunkel geblieben ist. Dies zeigt sich auch in der Lehre über das Wesen des Körpers und ganz besonders in seiner Lehre über das Verhältniß von Seele und Leib. Wir hätten aus diesem Grunde den doctor irrefragabilis ganz übergangen, wenn nicht die Gegner der thomistischen Doctrin den Vater der Franziscanerschule auf den Kampfplatz geführt hätten. Somit obliegt es uns, das zusammenzustellen, was er über Materie und Form lehrt.

In der Definition von Materie und Form hält sich Alexander vornehmlich an Augustin. Die Materie ist ihm im Compositum derjenige Theil, welcher das Sein erhält und aufnimmt; sie ist das Subject der

---

[1] So lautet fast wörtlich der Einwurf des Botalla in seiner Schrift: „La composition des corps d'après les deux principaux systèmes, qui divisent les écoles catholiques." Paris 1878.

Form, das aus sich kein Sein hat. Die Form dagegen ist jene Realität im Körper, welche der Materie das Sein und zwar das substantiale Sein gibt — forma est, quae dat esse materiae et composito[1]). Aus beiden, aus Materie und Form, entsteht ein von beiden verschiedenes Sein, das Compositum, die körperliche Substanz.

Auf die Frage, ob eine formlose Materie existiren könne, scheint er mit Nein zu antworten. Er leugnet wenigstens entschieden, daß Gott am Anfange eine formlose Materie geschaffen und aus ihr successive die verschiedenen Körper gebildet habe. Nur insofern kann man die Materie formlos nennen, als Gott dieselbe nicht unter einer vollkommenen, sondern einer höchst unvollkommenen und unbestimmten Form geschaffen hat[2]).

Während die scotistische Schule im Widerspruche mit Aristoteles die Materie der Himmelskörper und der irdischen Körper für dieselbe erklärt, folgt Alexander der Ansicht des Philosophen. Himmel und Erde haben nicht eine gemeinsame Materie — non est una communis materia coeli et terrae[3]); doch will er damit nicht einer besseren Ansicht vorgreifen — sine praejudicio melioris sententiae. Dagegen steht er im Einklange mit Scotus durch seine Lehre, daß auch die menschliche Seele aus Materie und Form zusammengesetzt sei, doch ist die Materie der Seele und der niederen Geister eine geistige und daher ohne Quantität[4]).

Da nach dem doctor irrefragabilis die Materie der Erdkörper von der der Himmelskörper verschieden ist, und da er auch in den geistigen Substanzen eine Materie anerkennt, so unterscheidet er eine dreifache Materie. Es gibt eine Materie, welche das Subject der Trans-

---

[1] Summa th. II. qu. 10. m. 1.

[2] Non puto primam illarum rerum materiam ita informem esse, ut nullam omnino formam habuerit: ita tamen informem appellari posse, quia in confusione et permixtione quadam subsistens nondum hanc, in qua nunc creditur, dispositionem aptam et pulchram recepisset. Ibid. qu. 44. m. 2.

[3] Ibid.

[4] Anima humana dicitur composita ex forma et materia intellectuali. Nullatenus autem sic habet materiam et formam, sicut dicuntur corpora habere materiam et formam sive sint coelestia sive inferiora; materiae enim corporalis terminus est magnitudo, spiritualis autem materiae non est terminus. Ibid. qu. 61. m. 1.

mutation und der substantialen Veränderungen ist und darum der Contrarietät unterliegt; diese Materie findet sich in den vier Elementen. Dann gibt es eine Materie, welche zwar der Bewegung unterworfen, aber nicht mehr in Potenz zu anderen Körpern ist, und das ist die Materie der Himmelskörper. Endlich existirt eine dritte Materie, die weder der Bewegung, noch der Contrarietät unterliegt, und diese findet sich in der Seele und den Geistern[1]).

Alexander behandelt auch die schwierige Frage bezüglich der Eduction der Form; er behandelt sie jedoch nicht expresse, sondern nur gelegentlich. Er nimmt in der Materie eine doppelte Potenz an, eine active und passive. Die letztere Potenz leistet gar nichts zur Induction der Form in die Materie, sie verhält sich nur receptiv. Dagegen wirkt die active Potenz in irgend einer Weise zur Induction der Form mit. Ueber diese Mitwirkung scheint er sich jedoch nicht ganz klar zu sein. Sie besteht nach ihm entweder darin, daß die Form schon etwas in der Materie verborgen ist oder darin, daß die Materie die Inclination zur Form besitzt. Er zieht in letzterer Beziehung einen gesunden Gedanken des h. Augustin herbei, nach welchem in der Materie die ratio seminalis für alle Dinge angelegt sein soll, die aus der Materie werden[2]). Der mit den mittelalterlichen Peripatetikern Vertraute dürfte sofort erkennen, daß Alexander hiermit dasselbe sagen wollte, was in schulgerechterer Form die folgenden Lehrer über die Eduction der Form behaupten, wenn sie sagen: formam educi ex materia et fieri dependenter ab ea.

Bei Alexander finden wir nicht blos die erste theologische Summa, sondern auch in dieser Summa die erste rationale Psychologie. Schon

---

1) Quaedam est materia subjecta motui et contrarietati, et haec est in elementis. Et est quaedam subjecta motui, non contrarietati, et haec est in supercoelestibus corporibus. Est tertia, quae nec est subjecta motui nec contrarietati, sed tamen formae, et haec est in inferioribus ut spiritibus. Ib. qu. 44. m. 2.

2) Duplex est potentia materiae sive subjecti transmutationis sc. activa et passiva. Passiva quia nihil cooperatur formae inducendo in materiam ipsam, sed est tantum potentia recipiendi formam; activa quia aliquo modo cooperatur ipsi agenti ad inductionem formae, quia aliquid formae latet in materia vel quia appetitus materiae habet inclinationem ad illam formam, sicut est in omnibus illis, in quibus est ratio seminalis ad alia producenda in esse. Ib. qu. 79. m. 2.

die Anordnung und die Gliederung des reichen Materials zeigt, daß man es mit einer systematisch und methodisch durchgebildeten Seelenlehre zu thun hat. Die Frage über das Verhältniß der Seele zum Leibe ist nicht übergangen, sondern im Gegentheile ausführlich behandelt. Aber dem noch etwas in platonischen Anschauungen befangenen Lehrer wird es schwer, in diese schwierige Frage helles Licht zu bringen. Die Seele vereinigt sich nach ihm auf doppelte Weise mit dem Körper, nämlich als motor und als perfectio corporis. In letzterer Beziehung ist der Körper das perfectibile und die Seele die perfectio. Es entsteht nun die Frage: wie denkt sich Alexander dieses perfectibile? Hat der menschliche Leib ohne die Seele ein Sein oder erhält er seine körperliche Bestimmung von der vernünftigen Seele?

Der doctor irrefragabilis zählt eine Reihe von verschiedenen Verbindungsweisen auf, die für Leib und Seele möglich sind. Es gibt eine Verbindung von Continuation, wie bei den Theilen der Quantität, von Contiguation, wie bei Dingen, die sich berühren, von Colligation, durch die z. B. die Glieder des Leibes geeint sind, von Mischung, wie sie die Elemente in der Mischung haben, von Impression, wie z. B. die Figur mit dem Wachse eins ist. Aber all' diese und andere Modi der Einheit von Leib und Seele schließt er aus, weil in den meisten dieser Verbindungen die Componenten in der Verbindung ihr Sein behalten. Die Einheit von Leib und Seele ist aber eine viel innigere. Alexander bezeichnet sie nach dem h. Bernhard als unio nativa. Diese unio nativa wird dadurch bewirkt, daß sich Leib und Seele nach Art von Materie und Form vereinigen. Um jedoch zu erkennen, inwiefern die Seele Form des Leibes ist, hat man mehrere Formen zu unter= scheiden. Es gibt eine forma prima (solche formae primae sind die Formen der Elemente), welche die Materie in der Weise bestimmt und vervollkommnet, daß jeder Theil des Ganzen dasselbe ist, wie das Ganze, wie z. B. jeder Theil des Feuers wieder Feuer ist. Hieher gehören auch die formae naturales, welche die Formen der ersten Mischung sind (ein Theil eines Stück Goldes ist wieder Gold). Es gibt aber auch solche formae naturales, welche das Ganze und die Theile desselben durchbilden, aber so, daß kein Theil den Namen des Ganzen tragen kann. Dies ist der Fall bei den Formen der Pflanzen und Thiere. Kein Theil einer Pflanze oder eines Thieres ist ebenfalls Pflanze oder Thier, wiewohl man sagen muß, daß jeder Theil einer Pflanze oder eines Thieres etwas Vegetabilisches oder Animalisches ist. Die Formi=

rung des Ganzen und der Theile ist deßhalb bei diesen Formen nicht dieselbe, weil sie sich schon weiter von der Materie entfernen. Es gibt aber noch eine dritte Form, welche das Ganze so vervollkommnet, daß sie keinen Theil desselben actualisirt. Dies ist die menschliche Seele. Das Ganze ist Mensch, aber kein Theil des Menschen kann Mensch genannt werden. Ebenso ist der Mensch erkennend, aber kein Theil desselben kann erkennend genannt werden. Die Menschenseele ist daher Form und Act des Ganzen, aber nicht der Theile. Und weil die vernünftige Seele das Ganze, aber nicht die Theile formirt, darum kann sie nicht im eigentlichen Sinne actus materiae genannt werden, sondern sie ist nur Act eines in seiner forma naturalis completen Körpers. Im Menschen kommt deßhalb zur forma naturalis, die auch forma corporalis genannt werden kann, die Seele als zweite Form hinzu[1]). Dies ist die Erklärung der unio nativa des h. Bernhard, wie sie Alexander versteht.

Dieselbe Lehre scheint er auszusprechen, wenn er auf den Einwurf, daß Leib und Seele in ihrer Art complet sind und darum sich nicht zu einer Natur und Wesenheit einigen können, antwortet: Leib und Seele sind wohl in suo genere complet und der Körper verlangt deßhalb keine weitere körperliche Vervollkommnung, aber dies hindert nicht, daß der Körper noch eine weitere geistige Vervollkommnung mittelst des Lebens erlangen kann[2]).

Es ließen sich wohl auch Stellen anführen, aus welchen hervorzugehen scheint, daß Alexander auch im Menschen nur Eine substantiale Form annimmt, wie im Mineral, Thier und in der Pflanze. Aber

---

1) Licet enim quaedam sit similitudo animae et corporis et formae ad materiam, tamen est similitudo secundum modum jam dictum. Est enim anima aliquid praeter suam materiam, quod non est dicere in forma naturali simpliciter, unde non est ibi proprie actus materiae, sed actus naturalis corporis completi in forma naturali, quae forma dicitur forma corporalis. Sic ergo habet proprium modum unionis et ideo vocat beatus Bernardus istam unionem proprio nomine unitatem nativam. Ib. qu. 63. m. 4.

2) Licet utrumque in suo genere sit completum nec respiciat ulterius perfectionem sui generis, ut corpus non respiciat ulterius perfectionem corporalem in natura. Nihilominus respicit corpus ulteriorem perfectionem spiritualem sive animalem, quae est mediante vita. Ibid. qu. 63. m. 1.

nach den angegebenen zwei Stellen dürfte es doch als sehr wahrscheinlich anzunehmen sein, daß er im Menschen außer der forma rationalis auch noch die forma corporalis anerkennt¹). Somit finden wir in dem Begründer der Franziscanerschule bereits den Keim für jene Lehre, welche durch Scotus weiter ausgebildet wurde und einen Hauptgegensatz zwischen beiden Schulen statuirte. Aber mag es sich mit der Pluralität der Formen bei Alexander verhalten, wie es will, so viel steht fest, daß er die Einheit des Menschen so innig faßte, wie der h. Thomas. Leib und Seele vereinigen sich nicht in der Hypostase oder Person, sondern beide vereinigen sich in der Natur und Wesenheit, sie bilden ein unum in natura. Der Leib bedarf der Seele nicht blos als eines Bewegers, sondern damit er in seinem Sein vollendet werde und in seinem Sein subsistiren und fortdauern könne²); er wird nur durch die Seele ein menschlicher Leib, weßhalb er mit dem Rücktritt der Seele destruirt und aufgelöst wird³). Die Seele ist daher für den Leib eine causa, die das Sein des Körpers completirt und vollendet⁴). Es ist allerdings eine Frage, ob die Seele das Alles dem Körper verleihen kann, wenn derselbe in seinem Sein schon durch die forma corporis complet ist. Doch das haben wir hier nicht zu untersuchen. Wir wiederholen nur: Alexander läßt Leib und Seele so eins werden, daß beide Eine Substanz und Natur ausmachen.

Ehe man behauptet, daß Albert d. Gr. beständig die fragliche Lehre bekämpft und daß er dies auch zu Lebzeiten seines großen Schülers Thomas gethan habe, sollte man sich doch zuvor in den Schriften der beiden großen Lehrer umgesehen haben, ob eine solche Behauptung auch der Wahrheit gemäß ist. Es ist schon im Voraus anzunehmen,

---

1) H. Sauvé, Rector der katholischen Universität Angers, glaubt diese Stellen so erklären zu können, daß aus ihnen eine Pluralität der Form im Menschen mit Nothwendigkeit nicht gefolgert werden muß. De l'union substantielle de l'âme et du corps. Paris 1878. p. 114.

2) Corpus humanum indiget anima non tantum ut moveatur, sed etiam ut in esse, in quo est, subsistat et permaneat et ideo duplicem habet operationem ut mobilis ad motorem et perfectibilis ad perfectionem suam, unde unum in natura constituunt sc. hominem. Ibid.

3) Ibid.

4) Anima est causa completiva et perfectiva corporis. Anima facta est causa corporis i. e. ut sit perfectio sive causa perfectiva corporis. Ib. qu. 81. m. 2.

daß der h. Thomas, der ganz auf den Schultern seines Lehrers steht, in einer so wichtigen Frage mit Albertus nicht dissentire. Oder ist es denn nicht bekannt, daß Albertus als achtzigjähriger Greis noch nach Paris eilte, um die Doctrin seines Schülers zu vertheidigen, die in einigen Punkten von Pariser Lehrern angegriffen war? Doch lassen wir die Werke des doctor universalis selber reden.

Im ersten Theile seiner Summa de creaturis handelt die zweite Quästio des ersten Tractates in acht Artikeln ausschließlich von der materia prima. Er stellt sich zuvor die Frage, ob es eine materia prima giebt, und antwortet darauf mit Ja. Es existirt eine solche Materie, aber aus sich hat sie kein Sein, sondern die Form giebt das Sein; aus sich ist sie Subject und Potenz[1]. Und weil die Materie aus sich kein Sein hat, darum ist sie auch nicht durch sich erkennbar; sie ist nur erkennbar durch ihre Beziehung zur Form und durch Privation, d. h. die Materie ist das, was außer den substantialen und accidentalen Formen in den seienden Dingen sich findet[2]. Da die Form der Materie das Sein und die Bestimmung giebt, so ist die Materie ohne die Form auch keiner Qualitäten und Accidentien fähig; es kommt ihr deßhalb auch nicht die Quantität zu. Das Erste, was die Materie aufnimmt, ist die substantiale Form des Elementes[3]. Wie man sieht, schließt sich Albert in der Definition von Materie und Form enge an den Stagiriten, den h. Augustin und die anderen Peripatetiker

---

1) Concedimus dicentes ad primum, quod forma dat esse: materia autem habet esse subjecti et potentiae: et hoc habet a seipsa, et hoc non est esse simpliciter, sed secundum quid. Summa de creaturis pars I. tr. I. qu. 2. art. 1.

2) Substantia et entitas materiae in se considerata non est intelligibilis proprio intellectu, sed intelligitur secundum privationem sc. quod hoc est materia, quod praeter formas accidentales et substantiales invenitur in ente, et ideo si debet intelligi, oportet quod hoc sit per ordinem ad formam vel per conjunctionem ad formam. Ibid. art. 2.

3) Dicimus ergo ad primum quod prima potentia materiae est ad formam substantialem: substantia enim composita est causa accidentis. Et ideo licet calidum et frigidum sint qualitates, tamen non sunt in materia, nisi post formam substantialem elementi: ponatur enim per impossibile, quod materia sit ante formam elementi, materia nec erit calida nec frigida nec humida nec sicca. Prima enim forma substantialis, quam recipit materia, forma elementi est. Ibid.

an. Besonders ist es der h. Augustin, dem er in der Begriffsbestimmung von Materie und Form folgt.

Von größerer Bedeutung für den Zweck unserer Untersuchung scheint uns die Frage zu sein, ob die materia prima als solche und getrennt von der Form irgend welche Zusammensetzung einschließe. Gar Manches scheint für eine Zusammensetzung zu sprechen. Wenn von ihr alle Generation und Corruption in der Natur ausgehen soll, dann scheint sie schon aus sich irgend welche Bestimmung und Wirklichkeit zu besitzen. Auch manche Stelle bei dem h. Augustin und Aristoteles scheint hiefür zu sprechen. Albert widerlegt all' diese Einwürfe und spricht sich mit der größten Entschiedenheit für die Einfachheit der Materie aus. Die Materie ist ganz und gar nicht zusammengesetzt; sie ist kein Aggregat von Atomen oder hat irgend eine Bestimmung und Formirung an sich — simplex est, non habens compositionem penitus [1]). Besitzt aber die Materie an sich keine Bestimmung und Formirung, so folgt nothwendig, daß eine formlose Materie (materia nuda) nicht existiren kann. Ein formloser Stoff kann im Geiste existiren, aber nicht in Wirklichkeit [2]).

Wie die anderen Scholastiker, so theilt auch Albert die Körper in einfache und zusammengesetzte. Die einfachen Körper sind jene, welche sich nicht mehr in andere specifisch verschiedene Körper auflösen lassen; es sind dies die bekannten vier Elemente der Alten. Diese Elemente heißen aber nicht deßhalb einfach, weil sie etwa nicht zusammengesetzt sind, sondern nur deßhalb, weil sie nicht mehr in andere Körper auflösbar sind [3]). Sie selber sind wahre Körper und darum aus Materie und Form zusammengesetzt. Aus diesen einfachen Körpern entstehen durch Mischung die zusammengesetzten Körper. Hier erhebt sich nun die wichtige und schwierige Frage: Wie sind die Elemente in der Mischung? Bekanntlich kommen die meisten scholastischen Lehrer darin überein, daß die Elemente in der Mischung ihr substantiales Sein verloren haben

---

1) Ibid. art. 4.

2) Secundum hunc modum (sc. intelligendi) materia prima bene accipitur sine omni forma, sed secundum hoc non est nisi in cognitione: et ita remanet adhuc, quod in re nunquam est sine forma. Ibid.

3) Elementum est, ex quo componitur res primo et est in re, et non resolvitur in formam aliam: id enim, in quo stat resolutio, principium est in natura. Ibid. art. 2. Cf. de coelo et mundo l. I. tr. II. c. 1.

und nur mehr virtuell in dem gemischten Körper vorhanden sind[1]). Dagegen lehrt die gegenwärtige Chemie, daß die Elemente in der Mischung ihrem Sein nach unversehrt vorhanden sind und nur ihre Qualitäten eine Aenderung erlitten haben. Dieser letzteren Ansicht soll nun auch der doctor universalis gewesen sein und darum wird seine Elementenlehre der des h. Thomas gegenübergestellt. Albert soll über das Verbleiben der Elemente in der Mischung dasselbe lehren, was die heutige Chemie aufstellt. So will es neuestens Frébault und so wollen es andere Gegner des englischen Lehrers. Es wird nun unsere Aufgabe sein, diesen Punkt etwas genauer zu untersuchen.

Albert unterscheidet vor Allem die mixtio strenge von der generatio und corruptio. In der generatio wird der eine Körper so in den andern Körper verwandelt, daß die substantiale Form des ersten Körpers corrumpirt wird und eine andere substantiale Form an ihre Stelle tritt[2]). Wenn z. B. die Speise in den Körper übergeht, so verliert sie ihr substantiales Sein und wird in das Sein des Körpers aufgenommen. Das ist eine volle corruptio der Speise. Nicht so weit geht die mixtio. Die Elemente, welche sich mischen, destruiren sich nicht vollkommen, sondern sie sind in der Mischung noch vorhanden, wenn sie auch nicht mehr unversehrt vorhanden sind, so doch unvollkommen und zum Theile. Die Mischung ist deßhalb keine generatio und corruptio — ergo mixtio nec corruptio est nec generatio[3]).

Wenn aber auch die Mischung von der generatio verschieden ist, so ist sie doch auch keine bloße compositio und congregatio der Elemente. Würde man die Mischung so auffassen, daß die kleinsten Theile des einen Elementes mit denen des andern sich verbinden, so hätte man eine compositio, in welcher die Theile weder mit dem Ganzen, noch unter einander gleiches Sein besäßen — partes compositi non sunt homiomerae, unde mixtio est aliud quam compositio[4]).

---

1) Cf. „Die scholastische Lehre von Materie und Form." p. 139 ff.
2) Ex hoc patet differentia generationis et mixtionis: quia in generatione contrarium agit ad suum contrarium destruendum, ita quod corruptum contrarium nullo modo salvatur nec permanet in materia generati: sed in mixtis contrarium non agit ad destructionem omnimodam contrarii, sed alterat ipsum, ita quod partim salvatur in materia alterati, et partim in materia alterantis. De gen. et corrupt. l. I. tr. VI. c. 6.
3) Ibid. c. 2.
4) Ibid. c. 7.

Bei der compositio und congregatio alteriren sich die Theile, welche sich verbinden, nicht, sondern legen sich nur innig an einander, so daß sie in ihrem Sein und in ihrer Wesenheit unversehrt bleiben. Die compositio ist darum nichts Anderes, als eine divisio der sich vereinigenden Körper. Die mixtio dagegen ist viel mehr. Was sich in der chemischen Mischung vereinigt, das alterirt sich gegenseitig der Art, daß das Sein der Mischung den Theilen gemeinsam ist und umgekehrt. Jeder Theil der Mischung hat dasselbe Sein, wie das Ganze[1]). In der Mischung ist deßhalb weder Feuer, noch Wasser, noch Luft, noch Erde, sondern es ist aus ihnen etwas geworden, was an der Wesenheit und den Kräften aller verbundenen Elemente participirt — fit inde medium commune quod participat virtutes et essentias omnium miscibilium et conjunctorum et efficitur ipsorum locus unus per actum medii unum[2]). Die mixtio muß demnach definirt werden: Mixtio est miscibilium alteratorum unio in unum actum mixti, qui nullius est miscibilium separatim acceptorum[3]).

Aus dem Angeführten erhellt wohl, daß die Elemente in der Mischung nicht unversehrt vorhanden sind, sondern daß sie eine Alteration und Veränderung erfahren haben. Aber es dürfte noch nicht klar sein, worin diese Alteration der Elemente besteht. Sind die Elemente im Sein oder im Thätigsein alterirt? Mit anderen Worten: haben die Elemente ihre substantiale Form verloren und das Sein der Mischung angenommen oder nicht? Der doctor universalis fühlt diese Schwierigkeit sehr wohl. Alle Stellen, die dieselbe zu lösen suchen, leiden an Dunkelheit oder sind geradezu unverständlich.

---

1) Manifestum est ergo, quod mixtio non est divisio secundum parva salvata secundum esse et essentiam, sed oportet esse alterata ab invicem: talis enim conjunctio diversorum compositio erit, sed non confusio sive commixtio: quia non habebit eandem rationem cum toto pars, nec pars cum parte: quod tamen dicimus oportere fieri si aliquid est mixtum, sc. quod partes sint homiomerae toti et ad invicem: quia sicut quaelibet pars aquae est aqua, ita quaelibet pars confusi sive commixti est ipsum confusum sive mixtum, ut patet in carne et osse mixtis, quia quaelibet pars carnis est caro, et quaelibet pars ossis est os. Si autem mixtio esset idem quod compositio secundum parva in esse et essentia salvata, nihil horum contingeret. Ibid. c. 7.
2) Ibid. c. 8.
3) Ibid. c. 11.

Er geht bei der Lösung davon aus, daß er sagt: Die substantialen Formen der Elemente können nicht vollkommen in der Mischung vorhanden sein, weil numerisch dieselbe Materie nicht mehrerer substantialen Formen susceptibel ist; sie können aber auch nicht ganz corrumpirt sein, weil sonst die Qualitäten der Elemente nicht in der Mischung vorhanden sein könnten. Um aus diesem Dilemma einen Ausweg zu finden, will er mit Aristoteles annehmen, daß die Formen der Elemente in der Mischung geschwächt und gemindert vorhanden sind[1]). Et ideo dicit Aristoteles, quod intensiones illarum formarum substantialium remittuntur, ita quod secundum dimidium salvatur et secundum dimidium alteratur; et sic omnes veniunt ad medium.

Albert mochte wohl die Schwäche dieser Lösung gefühlt haben, denn er macht sich sofort den Einwurf, daß eine solche Verminderung und Schwächung der substantialen Formen nicht möglich ist, da sie einfach sind. Er will dieser Schwierigkeit dadurch entgehen, daß er in den Elementen doppelte Formen anerkennt — primae et secundae. Die ersten Formen geben das substantiale Sein des Elementes; die zweiten geben das Sein und die Thätigkeit. Die ersten Formen bleiben in der Mischung in Wirklichkeit vorhanden, die zweiten dagegen sind in dem Gemischten nur potentiell. Eine solche Pluralität von Formen in dem gemischten Körper hält er deßhalb für keinen Widerspruch, weil die Formen der Elemente incomplet und unvollkommen sind und deßhalb eine weitere Bestimmung durch die vollkommene Form der Mischung nicht ausschließen, ja sogar fordern. Wir lassen die Stelle

---

1) Quia elementum non nominat substantiam corporis simplicis absolute, licet in comparatione ad compositum, ideo dicendum, quod elementum corporum est ad quod resolvuntur reliqua corpora composita, et est in eis aut potentia aut actu. Utrum enim sit in eis actu vel potentia, est ambiguum: elementum autem in resolutione corporum non resolvitur ad res alias diversas in forma: cum enim elementum est in corpore composito, est plurimum uniuscujusque elementi cum plurimo alterius, et minimum cum minimo alterius, quemadmodum miscibilia sunt in mixto. Cum autem una numero materia non sit suceptibilis diversarum formarum substantialium, non potest dici, quod elementa sunt in mixto secundum formas substantiales in toto salvatas. Cum vero etiam in mixto salventur proprietates elementorum, non potest dici, quod nullo modo salventur formae substantiales eorum. De coelo et mundo l. III. tr. II. c. 1.

wörtlich folgen, damit der Leser sich überzeugen könne, ob wir ihren dunklen Sinn richtig gegeben haben. Si aliquis objiciat dicens, quod formae substantiales non diminuuntur et remittuntur, eo quod sint simplices. Respondet Averroës dicens quod formae substantiales elementorum non completae sunt sicut formae substantiarum perfectarum; et ideo possunt intendi et remitti, quia sunt mediae inter formas substantiales et accidentia. Et hanc responsionem ego non approbo vel improbo, sed addo, quod elementorum formae duplices sunt, scil. primae et secundae. Primae quidem sunt, a quibus est esse elementi substantiale sine contrarietate; et secundae sunt, a quibus est esse elementi et actio. Et quoad primas formas salvantur meo judicio in composito, quia aliter compositum non resolveretur ad elementa, et aliter miscibilia non essent separabilia a mixto: cum constat ipsa esse separabilia; et quoad secundas formas sive quoad secundum esse non remanent in actu sed in potentia, non quidem mali, sed sicut intensum est potentialiter in remisso. Et quia sic dicitur, salvatur elementum in composito, ideo ambiguum est, utrum sit potentia vel actu in ipso: quia utroque modo inest ei secundum aliquem modum. Et de hoc dicendum est in fine primi peri - geneseos¹): et ista in suis libris tradunt Avicenna et Averroës, licet Averroës contradicere videatur Avicennae. Et sua contradictio est in verbis tantum, quia si essent formae elementorum completi fines materiae, tunc verum esset, quod materia non esset susceptibilis aliarum formarum cum ipsis; sed hoc non est verum, quia elementum nominat viam ad aliud; et ideo forma elementi cum aliis formis salvatur cum materia, sicut salvatur forma carnis in vivo, quia vivi sentientis materia propria est caro ²).

Es unterliegt keinem Zweifel, daß die Lehre Alberts über das Verbleiben der Elemente in der Mischung mit der seines Schülers Thomas im Widerspruch steht. Während Albert die Elemente ihrem

---

1) Die Stelle, auf welche sich hier Albert beruft, findet sich in de gen. et corrupt. l. I. tr. VI. c. 5. Sie scheint aber corrupt zu sein und ist darum sehr schwer verständlich.

2) De coelo et mundo l. III. tr. II. c. 1.

substantialen Sein nach noch vorhanden sein läßt und nur das Sein der Thätigkeit destruirt wissen will, läßt umgekehrt sein Schüler das substantiale Sein der Elemente in der Mischung untergehen und nur die Qualitäten der Elemente geschwächt zurückbleiben [1]). Es läßt sich leicht begreifen, warum der Engel der Schule der Ansicht seines Meisters nicht gefolgt ist. Dieselbe schien ihm nicht bloß wegen der Unterscheidung doppelter Formen in den Elementen, sondern noch mehr wegen ihrer Unvereinbarkeit mit der substantialen Einheit des gemischten Körpers unannehmbar. Der doctor universalis steht mit dieser Ansicht unter den christlichen Scholastikern auch einzig [2]) da. Weder Scotus, noch Bonaventura, noch Heinrich von Gent oder sonst ein hervorragender Name huldigen ihr.

Da die Pflanzen und Thiere nicht durch Mischung entstehen, sondern durch Generation, so verlieren die Elemente im lebenden Wesen ihre substantiale Form und werden in das Sein der lebenden Körper umgewandelt. Wir brauchen deßhalb über das Verbleiben der Elemente in den lebenden Körpern nichts weiter zu erörtern und können zur Lehre des Albert über die Seele des Menschen übergehen.

In der Lehre vom Menschen behandelt er eingehend das Verhältniß von Seele und Leib. Er geht zunächst die verschiedenen Definitionen durch, welche Plato, Seneka und andere Philosophen über die Seele aufgestellt haben. Dann schließt er seine Lehre an die Erörterung über die aristotelischen Definitionen an. Er stellt sich vor Allem die Frage, ob die Seele Act des Körpers sei — utrum anima sit actus corporis [3]). In der Beantwortung findet er gerade darin den wesentlichen Unterschied zwischen dem Engelgeiste und der Menschenseele, daß letztere von Natur aus dazu bestimmt ist, einen Leib zu informiren

---

1) Formae elementorum manent in mixto non actu, sed virtute. Manent enim qualitates propriae elementorum, licet remissae; in quibus est virtus formarum elementarium. S. Th.
2) Die Civiltà (S. X. v. IV. p. 62) will dadurch Albertus mit Thomas in Einklang bringen, daß sie sagt, Albert trage an der genannten Stelle nicht seine Lehre vor, sondern die des Avicenna und Averroës, weßhalb er mit den Worten schließt: Et ista in suis libris tradunt Avicenna et Averroës. — Auch Suarez zählt den Albert nicht zu Jenen, welche die Elemente ihrem substantialen Sein nach in der Mischung existiren lassen.
3) Summa de creat. pars II. tr. 1. qu. 4. a. 1.

und zu verwirklichen¹). Diese Antwort genügt ihm aber nicht. Um das Verhältniß der Seele zum Leibe vollständig klar zu machen, stellt er die weitere Frage, ob die Seele actus primus des Leibes sei. Unter actus primus versteht er mit dem Stagiriten jenen Act, der dem Leibe das specifische Sein und die Wesenheit verleiht, während der actus secundus die actio bezeichnet, die aus dem actus primus hervorgeht. Er antwortet entschieden mit dem Philosophen, daß die Seele actus primus des Leibes ist — dicendum cum Philosopho, quod anima est actus primus et non actus secundus²). Die Seele gibt dem Leibe nicht blos Leben und Empfindung, sie gibt ihm auch das körperliche Sein, wodurch er Leib ist. Manche haben geglaubt, daß die aristotelische Definition „anima est actus corporis organici vitam potentia habentis" schon einen constituirten Körper voraussetzt, dem die Seele Leben und Empfindung gibt. Wir haben gesehen, daß Scotus seine forma corporeitatis mit der aristotelischen Definition begründet. Der doctor universalis ist nicht dieser Ansicht. Nach ihm hat der Stagirite „organicum" und „vitam potentia habentis" nicht deßhalb in die Definition aufgenommen, um zu lehren, daß die Seele sich mit einem schon organisirten Körper verbindet, sondern nur deßhalb, um den Menschenkörper von den leblosen und nicht organisirten Körpern zu unterscheiden³). Der menschliche Leib hat seine Wirklichkeit nur durch die Seele; ohne die Seele ist er kein menschlicher Leib. Der Leichnam hat wohl noch die Figur und die Glieder und andere Qualitäten des Menschenkörpers, aber er kann nur aequivoce menschlicher Leib genannt werden. Der Seele kann wohl eine Organisation der Materie vorausgehen, aber erst durch ihren Eintritt wird der Leib

---

1) Dicendum quod substantialis differentia animae et Angeli est in hoc, quod anima inclinatur in corpus ut actus, Angelus autem non. Et ideo substantiale dicimus animae esse, quod sit actus corporis. Ibid.

2) Ibid. art. 2.

3) Quod Aristoteles dicit, „potentia vitam habentis" ly potentia non dicit nisi respectum materiae ad actum animae, qui est vivere. Ille enim respectus potentia est et non actus: nunquam enim Arist. intendit hoc quod Gregor. ei imponit sc. quod sit anima actus corporis existentis in potentia ad animam, imo illius non est actus . . . . Potentia enim vitam habens ponitur in definitione ad differentiam quorundam physicorum corporum, quae non habent potestatem habendi, sicut mineralia et lapides. Ibid. art. 4.

ein menschlicher[1]). Der menschliche Leib ist als Organismus eine vielfache Einheit: est unum specie, actu, numero et ratione. Aber all' diese Einheit wurzelt in der Einen Seele, die alle Theile und Glieder zu einer specifischen, numerischen und substantiellen Einheit macht[2]). Stärker, als es hier Albertus thut, kann man die unmittelbare Verbindung der Menschenseele mit der materia prima, die durch sie körperliche Bestimmung, Leben und Empfindung erhält, nicht ausdrücken. Der Aquinate ist bezüglich des modus der Vereinigung von Seele und Leib ganz in seine Fußstapfen getreten.

Bei der Lehre des h. Bonabentura über das Wesen der Körper können wir uns kürzer fassen. Der seraphische Lehrer hat über Materie und Form keine so ausführlichen Untersuchungen angestellt, wie seine gleichzeitigen großen Meister. Er berührt diese Lehre nur gelegentlich an verschiedenen Stellen seines Commentars zu Lombardus. Doch läßt sich aus diesen Stellen ziemlich genau erkennen, wie er über die constitutiven Principien der leblosen und lebenden Körper gedacht hat. Wir stellen im Folgenden den Inhalt der vorzüglichsten Stellen zusammen.

Wir wissen, daß der englische Lehrer die materia prima als reine Potenz definirt, die zwar etwas Reales und Physisches ist, aber gleichwohl allen Act und alle Bestimmung ausschließt. Nicht anders lehrt der h. Bonabentura über die Materie. Sie ist ihm etwas rein Potentielles ohne allen Act und ohne alle Form; sie trägt keine Distinction in sich und ist kein Genus und keine Species[3]). Wenn aber auch die

---

1) Corpus organicum non est actus nisi per animam. Cum autem non habeat animam, non est corpus organicum, nisi aequivoce, ut homo mortuus dicitur homo. Figurae vero corporis et membrorum et caeterae qualitates non faciunt corpus actu esse, sed sunt proportiones et adaptationes, quae substantia et ratione sequuntur animam. Tempore autem nihil prohibet eas praecedere ipsam: sicut omnis materia generabilium et corruptibilium suam formam tempore praecedit. Ibid. art. 5.

2) Est unum specie', actu, numero et ratione. Specie: quia nullum membrorum habet speciem nisi totius. Similiter actu: quia omnia actu sunt per unam animam. Ratione vero: quia anima omnibus dat rationem et esse. Numero vero: quia totum corpus organicum est una materia, cujus perfectio est anima. Idem autem numero, ut dicitur in V. metaphysicae, est idem materia. Ibid.

3) Quia materia omnino est ens in potentia, ideo per sui essentiam nullum habet actum, nullam formam, ergo nullam distinctionem

Materie eine reine Potenz ist, so ist sie deßwegen doch nicht ein Nichts oder lediglich eine Privation; im Gegentheil, sie ist etwas Positives, weil sie das Fundament und die Sustentation der Form ist. In dieser Beziehung und weil sie durch die Form Gott in etwas ähnlich wird, kann man auch mit dem h. Augustin sagen, daß sie etwas von der Schönheit und dem Lichte in sich trage, wenn auch in ganz unvollkommener Weise¹). Nicht minder folgt der h. Bonaventura dem doctor angelicus in der Frage bezüglich der Existenz einer formlosen Materie. Eine formlose Materie kann nur im Denken existiren, aber nicht in Wirklichkeit. Gott hat deßhalb nicht zuvor eine formlose Materie geschaffen und dann aus ihr die Dinge gebildet, sondern er hat mit den Dingen die Materie geschaffen²). Er gibt nur zu, daß die materia prima von Gott bei der Schöpfung mit einer unvollkommenen Form (Chaos) geschaffen wurde, die nur eine dispositive Bestimmung hatte und darum die Anlage für weitere Formen in sich trug³). Er bemerkt noch, daß hierin alle Lehrer übereinstimmen. Ebenso finden wir den seraphischen Lehrer im Einklange mit dem Aquinaten bezüglich der Erkenntniß der Materie. Nach ihm wird die Materie auf zweifachem Wege erkannt, einmal durch Privation, indem der Verstand die Form wegdenkt und die Materie als etwas Leeres und Bestimmungsloses er-

---

habet et non est nihil... Quia ens omnino in potentia: ideo nec genus nec species esse potest. In II. S. dist. III. p. I. art. 1. q. 3.

1) Ibid. dist. I. p. I. art. 1. qu. 1.

2) Dupliciter est loqui de materia. Aut secundum quod existit in natura, aut secundum quod consideratur ab anima. Si secundum quod consideratur ab anima, sic potest considerari informis, sive per privationem formae distinctae sive per privationem etiam omnis formae. Nam materia secundum sui essentiam est informis per possibilitatem omnimodam: et dum sic consideratur, formarum ipsa capacitas sive possibilitas est ipsi pro forma. Est iterum loqui de materia secundum quod habet esse in natura, et sic nunquam est praeter locum et tempus, et hoc modo non solummodo non congruit, immo etiam impossibile est materiam informem existere per privationem omnis formae. II. S. dist. XII. art. 1. qu. 1.

3) Materia illa producta est sub aliqua forma: sed illa non erat forma completa, nec pars materiae esse completum et ideo non sic informabat, quin adhuc materia informis diceretur, nec appetitum materiae adeo finiebat, quin adhuc materia alias formas appeteret et ideo dispositio erat ad formas ulteriores, non completa perfectio. Ibid. q. 3.

faßt, und dann durch Analogie, d. h. durch ihr Verhältniß zur Form¹).

Nach dem h. Bonaventura mischen sich die vier Elemente auf doppelte Weise, entweder vollkommen oder unvollkommen. Ist die Mischung eine vollkommene (mixtio plena vive vera), dann sind die Elemente ihrer Natur nach nicht mehr in der Mischung vorhanden, sondern die forma mixtionis ²) bestimmt die Elemente zum Sein der Mischung. Mischen sich hingegen die Elemente nicht vollständig, wie dies z. B. bei den Wolkengebilden oder bei den Leibern der Fall ist, welche die Engel annehmen, dann ist der Körper ein Aggregat von mehreren Elementen, in welchem jedoch Ein Element prädominirt³). Solche Körper, die nicht im eigentlichen Sinne gemischt sind, unterliegen auch nicht der Corruption und der Fäulniß⁴).

Die lebenden Körper bestehen aus dem Lebensprincip (anima) und aus der Materie. Weil aber in den lebenden Körpern die Mischung eine vollkommene ist, deßhalb haben die Elemente eine vollständige Alteration erlitten, d. h. sie sind nicht blos in ihrer Thätigkeit verändert worden, sondern auch im Sein. Die Elemente sind deßhalb in den Pflanzen und Thieren nicht mehr actuell vorhanden, sondern nur potentiell und virtuell⁵).

So sehr der h. Bonaventura in den angegebenen und in anderen Punkten dieser Lehre, wie z. B. bezüglich der Eduction der Form aus der Potenz der Materie⁶) mit dem Aquinaten harmonirt, so weicht er doch in einem nicht unwichtigen Punkte von dem englischen Lehrer ab. Er lehrt nämlich, daß auch die geistigen Substanzen, die Engel und die vernünftige Seele, aus Materie und Form zusammengesetzt sind⁷).

---

1) II. S. dist. III. p. I. art. 1. qu. 2.

2) Während der h. Thomas die Formen der Elemente formae primae und die der Mischung formae mixtae nennt, gebraucht der h. Bonaventura dafür die Ausdrücke: formae simplices und formae compositae.

3) Sicut videmus in nube, quae non est corpus plene mixtum, habet enim in se naturas plurium elementorum. Ibid. dist. VIII. p. I. art. 1. q. 2.

4) Ibid.

5) II. S. dist. XV. art. 1. qu. 2.

6) Ibid. art. 1. qu. 1. u. a. a. O.

7) Et ideo illa positio videtur verior esse sc. quod in angelo sit compositio ex materia et forma. II. S. dist. III. p. I. art. 1. qu. 1.

Und zwar bestehen die geistigen Substanzen aus derselben Materie, wie die körperlichen Wesen, nur ist sie in ihnen über alle Ausdehnung, Privation und Corruption erhaben und muß darum geistig genannt werden[1]). Diese Ansicht über die Zusammensetzung der geistigen Substanzen hält Bonaventura für die probablere gegenüber der Lehre des h. Thomas, nach welcher die Seele und der Engelgeist alle Zusammensetzung aus Materie und Form ausschließen. Wir gehen auf diese Differenz nicht weiter ein, da sie außerhalb des Zweckes dieser Zeilen liegt. Dagegen müssen wir um so mehr seine Lehre über das Verhältniß der Seele zum Menschenleibe untersuchen, da mehrere Anhänger der Atomistik glauben, daß Bonaventura im Menschen eine Pluralität der Formen lehre.

Der doctor seraphicus behauptet an vielen Stellen, daß man sich das Verhältniß von Seele und Leib ja nicht im platonischen Sinne denken dürfe; denn da wäre die Seele im Leibe gleichsam wie in einem Gefängnisse. Ebenso will er nicht, daß die Seele mit dem Leibe sich vereinigt lediglich als Beweger. In diesem Falle würde sich der Leib nur als Instrument verhalten, den die Seele benützt und zu ihren Thätigkeiten gebraucht. Der Leib würde nicht der Seele als proprium gehören; es wäre nicht ihr Leib. In diesem Sinne nehmen bisweilen die Engel Menschenleiber an und wirken mit ihnen. Der Engel verhält sich in diesem Falle zum Leibe, wie der Aufnehmende zu dem Aufgenommenen, wie Einer, der etwas in Besitz genommen hat, aber er verhält sich nicht zum Leibe, wie zu etwas, das er im Sein vollendet und vervollkommnet hat[2]). Gerade aber darin findet der h. Lehrer das Verhältniß von Seele und Leib ausgedrückt: die Seele ist die perfectio des Leibes. Der Leib ist als solcher nicht vollendet, er ist nur ein perfectibile; erst die Vereinigung der Seele gibt ihm die substantiale Vollendung. Damit man aber ja nicht glaube, daß Bonaventura den Leib durch eine forma corporis oder sonstwie schon bestimmt oder organisirt sein läßt, so daß die Seele nur als weitere Vollendung zu einem schon bestehenden Körper hinzukäme, führen wir eine weitere Stelle an, in der er näher auf den Modus der Vereinigung eingeht.

In der genannten Stelle spricht Bonaventura von einer doppelten Vereinigung der Seele mit dem Leibe. Die Seele vereinigt sich mit

---

1) Ibid. q. 2 u. dist. XVII. art. 1. qu. 2.
2) II. S. dist. VIII. p. I. art. 1. qu. 2.

dem Leibe als motor und als perfectio. Auf Grund dieser zweifachen Vereinigung lassen sich im Menschen zweierlei Thätigkeiten der Seele unterscheiden. Als motor ist die Seele im Leibe thätig dadurch, daß sie den Leib bewegt und gebraucht. Die Thätigkeiten, welche die Seele als perfectio corporis übt, sind jene, welche sie zugleich mit dem Körper vollzieht. Hieher gehören besonders die sensitiven Thätigkeiten. Für die sensitiven Thätigkeiten ist weder die Seele allein das Subject, noch der Leib allein, sondern das Compositum aus beiden. Leib und Seele können aber nur dann ein einziges Thätigkeitsprincip ausmachen, wenn der Leib für sich noch kein Sein hat, sondern es erst durch die Seele erhält. Es muß deßhalb, wie der heil. Lehrer bemerkt, die Seele zum Leibe sich ebenso verhalten, wie die Sehkraft zum Auge. Wie das Auge nur Auge ist durch die Sehkraft, so ist der Leib nur Leib durch die Seele. Kurz gesagt: solche Thätigkeiten eignen der Seele, weil sie sich nicht mit einem schon bestehenden Leibe verbindet, sondern weil sie sich als Form mit dem Stoffe einigt — ut est forma juncta materiae[1]).

Dieselbe Auffassung von der unmittelbaren Vereinigung der Seele mit dem Stoffe liegt auch seiner Untersuchung zu Grund, die er darüber anstellt, ob Christus während des Triduums wahrer Mensch gewesen sei. Er verwahrt sich hier ganz entschieden dagegen, daß die Einheit von Leib und Seele lediglich eine hypostatische ist. Würde die

---

1) Cum anima uniatur corpori ut perfectio et motor, quaedam sunt operationes, quae consequuntur ipsam animam in corpore, ut est motor, quaedam ut perfectio, quaedam partim sic et partim sic. Differenti autem modo exercet anima in corpore operationes, quae sequuntur ipsam ut motorem et ut perfectionem. Nam operationes quae consequuntur animam ut motorem, sic exercet per corpus: quod illas easdem exercet in corpus, quia non solum movet alia corpora, sed etiam corpus proprium. Operationes vero, quae consequuntur animam in corpore ut est perfectio, sic exercet anima in corpore per corpus, quod exercet eas cum corpore, sicut patet: nam anima clauso oculo corpus aliquod videre non potest. Et ideo primae competunt animae ut est hoc aliquid et motor differens a mobili: secundae vero ut est forma juncta materiae . . . Motus progressivus sive quicunque alius sit membrorum exteriorum, est ab anima in corpore, ut est motor vel motrix, sentire vero per organa corporis competit animae, ut est illorum organorum perfectio. Sicut enim anima perficit totum corpus: ita visus sive potentia visiva perficit oculum. II. S. dist. VIII. p. I. art. 3. qu. 2.

Einheit beider nur in der Hypostase bestehen, dann würde aus dieser Vereinigung kein menschliches Sein entstehen. Soll letzteres geschehen, dann müssen sich beide als Materie und Form vereinigen, als zwei constitutive Principien, aus denen eine dritte Natur entsteht, die von beiden verschieden[1]) ist. Da nun beim Tode Christi die Seele sich vom Leibe trennte, so hat sich die menschliche Natur Christi aufgelöst und man muß sagen: während des Triduum ist Christus nicht Mensch gewesen. Man kann dagegen nicht einwerfen: Christus war während der drei Tage im Grabe mit der vernünftigen Seele geeint, folglich war er vernünftig, folglich Mensch. Dieser Einwurf hätte nur dann eine Berechtigung, wenn Christus im Triduum mit der Seele geeint gewesen wäre nach Art von Materie und Form. Eine solche Einheit war aber während der drei Tage, in denen der Leib Christi im Grabe lag, in Christus nicht vorhanden, folglich war er in diesen Tagen nicht Mensch[2]). Der heil. Lehrer fügt noch bei, daß er hierin die gemeinsame Ansicht der Pariser Doctoren vortrage.

Das Gesagte dürfte hinreichen, um den seraphischen Lehrer von dem Vorwurfe der Pluralität der Formen im Menschen zu reinigen[3]). Wir konnten hiefür nicht den mindesten Anhaltspunkt finden. Botalla kann zum Beweise seiner Behauptung auch nichts weiter anführen, als die folgende Stelle: Corpus organicum ex materia et forma compositum est, et tamen habet appetitum ad suscipiendum ani-

---

1) Alio modo possunt uniri in eandem hypostasim ita tamen quod illa hypostasis ex iis unitis non constituatur ... et hoc modo uniri in eandem hypostasim non necessario facit hominem, quia non est ibi unio per constitutionem naturae tertiae, qualis est unio materiae et formae, qualis etiam requiritur ad hominis esse. III. S. dist. XXII. art. 1. qu. 1.

2) Quod ergo dicitur: quod habet animam rationalem sibi unitam, est rationale. Dicendum quod hoc habet veritatem, si intelligatur de unione, quae est formae ad materiam: hoc autem modo non uniebatur anima Christi Christo in triduo, unde non sequitur, quod fuisset homo in triduo. Ibid.

3) Es ließen sich noch mehrere Stellen herbeiziehen, welche sich durchaus nicht im Sinne einer Pluralität deuten lassen. In seinem Breviloqu. p. II. c. 9 sagt er kurz und bündig, daß die Seele Sein, Leben, Empfinden und Denken gibt. Ipsa non tantum dat esse, verum etiam vivere, et sentire et intelligere.

mam¹). Für den Kenner der mittelalterlichen Schule hat diese Stelle nichts Verfängliches. Aehnliche Stellen finden sich bei allen Lehrern in großer Zahl. Sie bringen damit die Lehre des Aristoteles zum Ausdruck, nach welcher die Natur immer das Höhere anstrebt und der Stoff fortwährend durch eine höhere Form verwirklicht zu werden strebt. Beispielshalber sei eine ähnliche Stelle des Bonaventura hier angefügt. Er widerlegt den Einwurf, daß die Mischung der Elemente und die Generation der Körper etwas Gewaltsames sei, mit den Worten: Hoc fit per naturam et non per violentiam, quia enim natura (secundum quod dicit philosophus) semper desiderat quod melius est, materia, quae est sub forma elementari, appetit esse sub forma misti, et quae est sub forma misti appetit esse sub forma completionis²). Noch schöner bezeichnet er dieses Streben an einer andern Stelle, an der er bemerkt, daß der Stoff alle Formen durchzumachen strebt bis hinauf zur forma rationalis des Menschen, weil durch sie der Körper der ewigen Seligkeit theilhaft wird — per quam etiam corpus et natura corporalis efficitur particeps aeternae beatitudinis³).

Um dieselbe Zeit, in welcher der h. Bonaventura lebte, blühte Heinrich v. Gent, doctor solemnis genannt. Da er ganz besonders zu den Gegnern des h. Thomas bezüglich unserer Frage gezählt wird, müssen wir auch seine Körperlehre in den Hauptpunkten stizziren.

Heinrich schließt sich in seiner Bestimmung der Materie an den heiligen Augustin an. Die Materie liegt ihm zwischen dem Sein und dem Nichts; sie ist eine reine Potenz — potentia pura; eine capacitas für die Formen⁴). Wenn aber auch die Materie keine Natur und Substanz für sich ist, so muß man gleichwohl an ihr ein dreifaches Sein unterscheiden. Der Materie kommt vor Allem aus dem Grunde das Sein zu, weil sie ein Produkt der Schöpfermacht ist. Dann muß sie deßwegen seiend genannt werden, weil sie eine capacitas für die Formen ist; sie ist in Potenz zu allen Formen. Ferner muß man der Materie auch darum ein Sein zuerkennen, weil sie die Unterlage und das Substrat des Compositums bildet. Die beiden ersten Sein

---

1) Op. c. p. 31.
2) II. S. dist. XV. art. 1. qu. 2.
3) II. S. dist. I. p. II. art. 1, q. 2.
4) Quodl. I. qu. 10. und Summa quaest. ord. art. 28. qu. 2; ib. art. 29. qu. 2.

geben ihr keine Wirklichkeit, sie verleihen nicht die Existenz, sondern geben nur ein mögliches Sein. Erst durch das dritte Sein, welches sie im Compositum durch die Form hat, wird sie existent [1]).

Wie man sieht, weicht hier Heinrich v. Gent in etwas vom h. Thomas ab und nähert sich der scotistischen Lehre. Er anerkennt, wie Scotus, wenn auch in milderer und schwächerer Form, in der Materie ein Sein, das ihr durch ihre Natur und unabhängig von der Form zukommt. Doch müssen wir auch hier bemerken, daß der Unterschied zwischen dem englischen Lehrer und dem doctor solemnis in der Auffassung des Urstoffes mehr im Worte, als in der Sache liegt. Das, was der Aquinate mit potentia pura und esse debile bezeichnet, wird bei Heinrich v. Gent esse simpliciter und esse aliquid genannt.

Weil Heinrich v. Gent die Materie unabhängig von der Form ein Sein besitzen läßt, darum beantwortet er auch die Frage, ob eine formlose Materie existiren könne, mit Ja. Eine formlose Materie kann existiren allerdings nicht durch eigene Kraft, aber durch göttliche Macht [2]). Er verwahrt sich aber entschieden gegen den Vorwurf, den man aus seiner Lehre gegen die substantiale Einheit des Compositums erheben könnte. Wenn nämlich die Materie aus sich ein Sein hat und die Form ihr das Sein gibt, dann sind im Compositum zwei Sein und das Compositum ist keine wahre Einheit, sondern nur eine Einheit im Sinne eines Aggregats. Gegen eine solche Folgerung betont er mit

---

1) Est secundum jam dicta in materia considerare triplex esse, sc. esse simpliciter, et esse aliquid duplex. Unum quo est formarum quaedam capacitas, aliud quo est compositi fulcimentum. Esse primum quo materia habet dici ens simpliciter, habet participatione quadam a Deo in quantum per creationem est effectus ejus, sicut et alia. Esse secundum, quo materia est capacitas quaedam, habet a sua natura, qua est id quod est differens a forma ... Esse tertium non habet materia nisi per hoc, quod jam capiat in se illud cujus de se capax est. Unde et id, quod capit, dat ei tale esse. Et quia illud forma est quae non potest alteri dare, nisi quod habet: esse igitur quod habet forma ex natura essentiae suae per hoc quod perficit potentiam et capacitatem materiae, communicat materiae et toti composito. Et tale esse est illud quod materia habet in actu et per quod habet actualem existentiam. Quodl. I. qu. 10.

2) Similiter dicendum, quod actione divina supernaturali materia potest per se subsistere nuda ab omni forma. Ibid.

Nachdruck die Potentialität der Materie; die Materie hat aus sich keinen Act, sondern nur durch die Form. Die Form ist es darum, welche dem Compositum die Einheit gibt, und darum ist nur Ein Sein im Compositum, weil nur Eine Form. Materie und Form sind im Compositum nicht wie zwei existentes in actu und bilden nicht eine Einheit, wie etwa zwei Dinge, die sich verbinden oder wie die Substanz mit ihrem Accidenz eine Einheit bildet, sondern aus Materie und Form entsteht ein neues Sein, eine dritte Substanz, die von ihren beiden Componenten verschieden ist[1]).

Auch daraus, daß die Materie durch Gottes Macht ohne die Form existiren kann, folgt nicht, daß sie ein Sein für sich habe, denn das existere sine forma kommt ihr nicht kraft ihrer eigenen Wesenheit, sondern nur durch göttliche Macht zu. Gottes Macht ersetzt gewissermaßen das, was die Form für die Materie leistet. Wie Gott das Accidenz ohne Substanz im Sein erhalten kann, so kann er auch die Materie ohne die Form existiren lassen[2]). Es zeigt sich hier wiederum, daß zwischen der thomistischen Lehre und der des doctor solemnis nur ein sehr geringer Unterschied besteht[3]).

Die Frage über die Pluralität der substantialen Formen behandelt Heinrich zu wiederholten Malen und sehr ausführlich. Er untersucht all' die Gründe, welche für eine Pluralität der Formen gewöhnlich vorgebracht werden. Er widerlegt all' diese Gründe und weist nach, daß man mit einer einzigen substantialen Form alle Qualitäten und verschiedenen Thätigkeiten der körperlichen Substanzen erklären könne.

---

1) Et si materia et forma essent in composito existentes in actu, tunc compositum diceretur unum, sicut dicitur de rebus, quae sunt secundum contactum et ligamentum unum. Modo autem quia materia differt a forma in composito et compositum non est ens in actu nisi per formam, tunc compositum non dicitur unum, nisi quia forma sua est una. Bene verum est ergo quod materia de se est in potentia ad actum, quem in composito nata est recipere a forma. Tali enim esse materia de se est in pura potentia et non est in actu nisi per formam, quia causa actus in composito non est nisi per formam. Ibid.

2) Ibid.

3) Deßhalb kann auch der Commentator des Heinrich v. Gent, Zuccolius, sagen, daß sich der h. Thomas mit Heinrich leicht vereinigen lasse: Unde facile concordare possemus divum Thomam cum Henrico et Scoto. Comm. in X. quaest. Quodl. I. Venet. 1613.

Die höhere Form enthält nämlich die niedere Form der Intention und Kraft nach in sich und leistet deßhalb Alles, was die niedere zu bewirken vermag¹). In den aus den Elementen gemischten Körpern oder in der mixtio ist darum nur eine einzige Form vorhanden, die Formen der Elemente sind nur virtuell in der Mischung. Ebenso ist in der Pflanze nur Eine substantiale Form; die Form der Mischung ist in der Pflanze nur als Potenz und virtus. Und das Gleiche gilt vom Thiere²).

So sehr Heinrich v. Gent alle Thätigkeit und alle Erscheinungen im Mineral, in der Pflanze und im Thiere durch Ein formales Princip zu erklären vermag, so wenig hält er dies beim Menschen für möglich. Das menschliche Leben läßt sich durch eine einzige substantiale Form, die Seele, nicht begreifen; man muß darum mindestens zwei Formen im Menschen statuiren. Er bemerkt aber ausdrücklich, daß die Gründe, womit er die Pluralität der Formen im Menschen zu erweisen sucht, durchaus nicht mit den Gründen zusammenfallen, mit welchen die Anderen die Mehrheit des substantialen Princips in den lebenden und leblosen Körpern begründen. Heinrich glaubt, daß vor Allem deßwegen im Menschen zwei formale Principien anzunehmen seien, weil zu seiner Entstehung zwei verschiedene Agentien mitwirken. Bei der Generation des Menschen wirken zwei Thätigkeitssubjecte zusammen: Gott und der Mensch. Jedem dieser Agentien muß ein eigener Terminus entsprechen. Der Terminus der schaffenden Thätigkeit Gottes ist die vernünftige Seele, während der Mensch in der Zeugung aus der Materie eine Form educirt, wodurch der Stoff zur Aufnahme der Seele disponirt wird³). Die von Gott eingeschaffene Seele corrumpirt die

---

1) Non oportet ponere plures formas in eodem esse; immo sufficit ponere unicam, quae virtute omnes alias in se contineat, ut ab eadem forma simplici in bruto ponamus ipsum esse corpus mixtum, vegetabile et sensibile. Quodl. IV. qu. 13.

2) Ibid.

3) Diversorum agentium et diversis mutationibus impossibile est terminum esse unum et eundem numero ... Sed homo sive natura in generatione hominis agit ea praesupposita materia .... et Deus agit ad generationem ejusdem non ex praesupposita materia creando animam in corpore disposito ... : Sunt ergo diversa agentia, ergo impossibile est terminum actionum eorum esse unum. Cum ergo terminus proprius actionis divinae sit anima rationalis, oportet quod terminus actionis humanae sit aliqua forma substantialis alia in homine. Ibid.

durch die Zeugung vorhandene forma commixtionis nicht, weil die Seele zu dieser Form nicht im Gegensatze steht — nulla contrarietas est inter hanc formam et animam. Somit muß man sagen, daß im Menschen zwei substantiale Formen sind: Una educta in potentia materiae per agens naturale, altera vero producta ab extra per agens supernaturale [1]).

Außer diesem philosophischen Grunde bringt Heinrich auch Beweise aus dem theologischen Gebiete. Der Leib Christi, meint er, ist im Tode derselbe gewesen, wie im Leben. Dies ist aber nur dann möglich, wenn die Seele Christi nicht zugleich Form des Leibes gewesen ist. Ebenso kann man Maria nur dann die Mutter Gottes nennen, wenn von ihr nicht blos der Stoff genommen ist, aus dem der Leib Christi sich bildete, sondern wenn durch ihre Thätigkeit auch dieser Stoff zum Leibe Christi formirt wurde [2]).

Wir übergehen diese und andere theologische Beweise, welche der doctor solemnis für seine Lehre aufbringt, um sofort zu sagen, wie sich derselbe die Einheit des Menschen denkt. Er beseitigt vor Allem die Auffassung, als ob die forma corporis der Zeit nach der Einschaffung der Seele voranginge. Die Disposition der Materie durch die forma corporis ist nicht so zu verstehen, als wenn durch letztere eine incomplete Substanz und eine incomplete Subsistenz erzeugt würde, welche dann durch den Hinzutritt der vernünftigen Seele vollendet würde. Im Gegentheile, keine der beiden Formen kann im Menschen ohne die andere vorhanden sein; beide sind gleichzeitig und bewirken mit einander das einfache und untheilbare Suppositum im Menschen. Man muß sogar sagen, daß sich die beiden Formen zu der Materie wie eine einzige Form verhalten, die darum nur ein einziges Sein des Suppositums und ein einziges Individuum erzeugt [3]). Und weil beide Formen zugleich die

---

1) Ibid.

2) Ibid.

3) Immo sicut una sine altera non est nata advenire materiae, sed ambae simul, sic nec una earum nata est dare esse aliquod suppositi et subsistere sine altera, nec dant aliud et aliud esse subsistentiae supposito, sed unum et idem simplex et indivisibile, ut non intelligamus formam naturalem primo per naturam advenire materiae et dare esse composito ex se et materia sub ratione individui incompleti, et animam supervenientem dare completionem illius esse et rationem individui per-

Materie vervollkommnen und keine zu einem schon constituirten Compositum hinzukommt, so entsteht aus beiden keine zusammengesetzte Form, sondern beide machen für die Constitution des Suppositums nur Eine Form aus und geben nur Ein Sein und inhäriren gleich unmittelbar der Materie, wenn auch die forma naturalis als dispositio ad animam mehr unmittelbar der Materie inhärirt¹). Eine solche Verbindung der Seele mit dem Stoffe mittelst der forma naturalis hält Heinrich v. Gent deßhalb für nothwendig, weil sie ein anderes Genus der Formen bildet und von dem reinen Stoffe viel weiter als die übrigen entfernt ist, so daß sie nicht unmittelbar mit der materia prima in Verbindung treten kann.

Wir haben hier nicht zu untersuchen, wie es möglich ist, daß zwei Formen, eine natürliche und eine übernatürliche, mit einander einen einzigen Act der Materie bilden können und wie das aus ihnen constituirte Compositum ein einziges Individuum, ein einziges Sein und Leben sein kann. Die Schwäche dieser Begründung dürfte unschwer einleuchten. Wir constatiren nur, daß auch der doctor solemnis troß der Pluralität der Formen die Einheit im Menschen so innig faßt, wie Scotus. Der Mensch ist Ein Sein und Ein Leben und Eine Subsistenz. Er läßt lieber die Wirkung der forma naturalis in nichts aufgehen und wird sich inconsequent, als daß er die substantielle Einheit des Menschen auch nur im Mindesten lockern ließe.

---

fecti, sed ut intelligamus, quod sicut forma naturalis non est nata subsistere in composito neque in materia, nisi cum anima rationali et e converso, sic nec una nata est dare esse subsistentiae composito et facere suppositum unum, nisi simul cum alia, ut si dicamus quod illa forma naturalis respectu animae est, ut dispositio in materia praecedens naturaliter ad recipiendum animam, ut ultimum actum ad perfectionem materiae, respectu vero materiae est cum forma illa, quae est anima, habens rationem unius formae dantis uni supposito unum esse subsistentiae, quod est vivere ipsius. Ibid.

1) Et sic illae formae duae in constituendo suppositum rationem unius formae habent et unum suppositum in unico esse subsistentiae constituunt, et ambae, ut formae, sunt dantes esse, aeque immediate perficiunt materiam et ipsi inhaerent, ut neutra earum, in quantum forma est, adveniat composito jam in aliquo esse constituto, ut etiam neque inter se constituant aliquam compositam formam, licet illa, quae est naturalis, ut est dispositio ad animam, immediatius adhaereat materiae. Ibid.

Zu den Gegnern des englischen Lehrers in unserer Frage wird mit Vorliebe Durandus von St. Portiano gerechnet, weil derselbe als Dominikaner der Lehre seines großen Ordensgenossen entgegen gewesen und so den Beweis geliefert habe, daß nicht einmal bei den Dominikanern in der fraglichen Lehre Unanimität herrschte. Palmieri glaubt noch besonders auf den Scharfsinn des doctor resolutissimus aufmerksam machen zu müssen, der mit Unrecht von einigen Theologen verunglimpft würde. Palmieri thut recht daran, wenn er der Auctorität des Durandus zu Hülfe kommt, denn es ist bekannt, daß derselbe in vielfachen und mitunter in fundamentalen Punkten nicht blos die Dominikanerschule, sondern die mittelalterliche Speculation überhaupt verleugnet hat. Durch seine Leugnung der species intelligibilis, wodurch ihm die volle Bedeutung des allgemeinen Begriffes nahezu verloren ging, durch seinen Kampf gegen das thomistische Individuationsprincip, sowie gegen die Annahme eines intellectus agens und andere Lehren der Schule steht er kaum mehr auf dem Boden des Realismus, sondern ist schon dem Nominalismus beizuzählen. So wenig sich jedoch Durandus scheut, in höchst resoluter Weise vom englischen Lehrer abzuweichen, so müssen wir doch gestehen, daß in der Lehre über das Wesen der Körper und namentlich des menschlichen Körpers zwischen Thomas und Durandus ein nur geringer Unterschied stattfindet. Das Folgende soll den Beweis hiefür erbringen.

Um zu erkennen, inwieweit die Uebereinstimmung eines Lehrers mit einem andern in der vorwürfigen Frage geht, kommt Alles darauf an, wie er die Begriffe von Materie und Form faßt. In dieser Beziehung schließt sich nun Durandus enge an den doctor angelicus an. Wie dem h. Thomas, so ist auch ihm die materia prima eine reine Potenz, welche an sich nicht wirklich ist und auch die Wirklichkeit nicht als Theil ihres Wesens einschließt, sondern die Form ist es, wodurch sie actuell und existent wird[1]). Gleichwohl darf man die Materie nicht ein reines Nichts nennen; sie ist nur der Form oder ihrem Acte gegenüber etwas blos Mögliches, dem Nichts gegenüber ist sie ein Sein

---

1) Materia sic est pura potentia, quod nec est actus nec habet actum partem sui, est tamen unibilis actui, et similiter forma sic est actus, quod non est potentia nec habet potentiam partem sui, est tamen unibilis potentiae. In II. S. dist. 12. q. 1. n. 10.

zu nennen¹). Weil aber dieses Sein alle Wirklichkeit ausschließt, darum ist es das niedrigste Sein und steht auf der Grenze zum Nichts. Gott als reine Wirklichkeit ist höchstes Sein, die Materie als reine Möglichkeit niedrigstes Sein. Weil reine Potenz, kann die Materie auch nicht ohne substantiale Form existiren — nullo modo potest materia actu existere sine aliqua forma substantiali²). Ebenso kommen der Materie als solcher keine Accidentien zu; sie hat aus sich keine Quantität. Erst mittelst der substantialen Form wird sie fähig zur Aufnahme der Quantität und anderer accidenteller Bestimmungen. Die Abhängigkeit der Materie von der substantialen Form ist deßhalb eine viel größere, als die Abhängigkeit des Accidenz von seiner Substanz. Das Accidenz bildet mit seiner Substanz kein unum per se, sondern nur eine accidentelle Einheit, während aus der materia prima und ihrer substantialen Form eine Einheit im Sein und Wesen, ein unum per se entsteht.

In all' diesen Fragen steht Durandus mit dem Aquinaten im Einklang. Eine Differenz tritt ein bezüglich der Frage um das Wesen der Himmelskörper. Während ein großer Theil der mittelalterlichen Lehrer die Himmelskörper aus demselben Stoffe bestehen läßt, aus welchem die Erdkörper zusammengesetzt sind, hält ein anderer Theil dafür, daß die Materie der Gestirne von der Materie der Erdkörper verschieden sei. Durandus stimmt weder den Einen noch den Anderen bei. Nach ihm sind die Himmelskörper einfache Körper, aber nicht in dem Sinne einfach, wie die Elemente einfach sind, sondern im Sinne von nichtzusammengesetzt. Die Theile, aus denen die Himmelskörper bestehen, sind nicht von verschiedener Natur, sondern von derselben Natur, ähnlich wie man der Seele mit Rücksicht auf ihre Potenzen Theile zuschreiben kann, oder wie die einfache Substanz der Engel mit Rücksicht auf ihre Accidentien Theile hat³). Durandus steht mit dieser Ansicht nicht allein;

---

1) Cum materia de se sit pura potentia ad esse, ex tali entitate competit ei duplex distinctio. Una qua distinguitur a puro non ente per hoc quod ipsa est aliquo modo ens, alia qua distinguitur ab actu per hoc quod ipsa est potentia. In IV. S. dist. 44. q. 1. n. 9.

2) In II. S. dist. 13. q. 2. n. 8. Cf. ibid. n. 5.

3) Tertia opinio est, quod in coelo non est materia, et per consequens nec eadem nec alia cum materia rerum generabilium et corruptibilium. Ad intelligendum autem hanc opinionem advertendum est, quod materia potest accipi dupliciter: uno modo ut est pars rei faciens cum

vor ihm und nach ihm haben einige Lehrer über die Himmelskörper in ähnlicher Weise gedacht; sie haben die Himmelskörper als Körper anderer Art, als eine Art geistiger Wesen angesehen und ihnen alle Materie abgesprochen oder ihnen eine Materie im Sinne des Durandus beigelegt.

Viel wichtiger ist für uns die Frage, wie der doctor resolutissimus das Wesen des Menschen bestimmt. Ist nur Eine substantiale Form im Menschen oder sind mehrere in demselben? Er schließt sich in der Beantwortung dieser Grundfrage der Psychologie an Aristoteles an; die vernünftige Seele vereinigt sich mit dem Leibe als Form. Der stärkste Beweis hiefür ist ihm die aristotelische Definition von der Seele: anima est, quo vivimus, sentimus, movemur et intelligimus primum[1]). Weil die Seele dasjenige im Menschen ist, was ihn zum lebenden, empfindenden und erkennenden Wesen macht und in ihm Grundlage für alle Bewegung und Thätigkeit ist, darum kann sie nur als Formalprincip mit dem Leibe sich vereinigen. Um die Art dieser Vereinigung näher zu bestimmen, schließt er eine dreifache Weise der Einheit aus. Die Seele kann nicht als complete Substanz mit dem Leibe sich verbinden, denn in diesem Falle wäre sie für den Leib etwas Aeußerliches; sie würde sich zum Leibe verhalten, wie etwa der Schiffer zum Schiffe, d. h. sie würde den Leib nur bewegen. Die Seele kann aber auch nicht als Accidenz zum Leibe hinzukommen, wie etwa die Quantität und die Qualität ihrer Substanz inhärirt, denn in diesem Falle würde aus Leib und Seele ebenso wenig, wie im vorhergehenden

---

forma unum compositum, et sic intendunt isti negare materiam esse in coelo, dicentes coelum esse corpus simplex, non solum simplicitate opposita mixtioni, per quem modum elementa dicuntur corpora simplicia, sed simplicitate opposita compositioni, quae est ex partibus diversarum naturarum, puta ex materia et forma, qua simplicitate nullum corpus generabile et corruptibile potest esse simplex. Alio modo potest accipi materia ut est subjectum actu ens, sicut dicimus omnia accidentia habere materiam, in qua sunt, quia supponunt subjectum actu ens (etiam simplex) sicut ponitur de anima respectu potentiarum suarum non organicarum vel etiam secundum aliquos de essentia angeli respectu aliquorum sibi accidentium: et isto modo materia est in coelo, immo verius loquendo coelum est materia suae quantitatis, luminositatis et motus. In II. S. dist. 12. q. 1. n. 16.

[1]) In II. S. dist. 17. q. 1. n. 3.

eine substantiale Einheit, eine Einheit des Wesens entstehen; es wäre nur eine accidentelle Einheit, wie sie zwischen der Substanz und ihren Accidentien vorhanden ist¹). Es bleibt noch ein dritter Modus der Einheit übrig, den Hugo von St. Victor, der Magister der Sentenzen und Andere angenommen haben, nach welchem sich Leib und Seele in der Person einigen. Dem Durandus genügt aber auch diese Einheit nicht. Leib und Seele vereinigen sich nicht blos in demselben Suppositum, sondern auch in derselben Natur. Dies ist aber nur dann möglich, wenn sich beide zu einander verhalten, wie das perfectibile zum perficiens oder wie Materie und Form. Aus diesem Grunde leugnet er auch, daß der Leib Christi im Grabe derselbe war, wie vor der Trennung der Seele vom Leibe, weil nicht mehr dieselbe substantiale Form ihn bestimmte. Man kann deßhalb auch nicht sagen, daß Christus während des Triduums wahrer Mensch gewesen ist²).

Mit dieser Lehre steht keineswegs in Widerspruch, was Durandus bei der Beantwortung der Frage, utrum in morte Christi divinitas fuerit separata ab humanitate, schreibt. Er bejaht diese Frage. Die Gottheit hat sich im Tode Christi von der Menschheit getrennt, weil letztere, die aus Leib und Seele im Sinne von Materie und Form besteht, durch den Tod aufgelöst wurde. Doch gilt nicht dasselbe von den Theilen der Menschheit, von Leib und Seele. Bezüglich der Seele ist aus vielen Gründen sicher anzunehmen, daß sie nach dem Tode Christi mit der Gottheit vereinigt blieb. Rücksichtlich des Leibes liegt die Sache anders. Hier gibt es zwei Ansichten. Die Einen nehmen eine Pluralität der Formen in der Art an, daß der Leib Christi durch eine

---

1) In III. S. dist. 22. q. 1. n. 5.

2) Magister posuit eandem conclusionem, sed alia ratione, credidit enim quod ad veritatem humanae naturae vel hominis sufficerent corpus et anima unita in eodem supposito .... Ratio etiam hujus opinionis falsa est, quia forma et materia non sufficiunt ad constituendum materiam completam, quae importatur nomine hominis, nisi uniuntur ad invicem in ratione perficientis formaliter et perfectibilis, talis autem unio non fuit in Christo post mortem ex sola unione ad suppositum idem, propter quod non potuit dici homo. Item nec partes naturae humanae fuerunt tunc divino supposito unitae, quia partes naturae manent quantum ad id quod sunt per essentiam suam in natura composita, sed illud corpus mortuum non remansit idem per essentiam reparata natura in resurrectione, si in homine non est nisi una forma substantialis, ergo non fuit proprie pars naturae humanae in supposito divino. Ibid. n. 6.

andere Form als die Seele Leib ist, welche Körperform dieselbe bleibt im lebenden, wie im todten Leibe. Diejenigen, welche dieser Ansicht huldigen, müssen sagen, daß der Leib Christi im Tode numerisch derselbe blieb, wie im Leben, und daß deßhalb von diesem Leibe sich die Gottheit nicht trennte[1]). Durandus bemerkt noch, daß diese Ansicht mit den Aussprüchen der h. Schrift und den Anschauungen der Gläubigen sehr harmonire. Die andere Ansicht hält fest, daß im Menschen nur Eine substantiale Form ist, die vernünftige Seele, welche dem Menschen nicht blos Leben und Empfindung, sondern auch das Körpersein verleiht. Nach dieser Ansicht ist der Leichnam Christi wesentlich ein anderer Leib, als derjenige, der von Maria geboren wurde. Im Leichnam Christi ist wohl noch derselbe Stoff vorhanden, wie im lebenden Leibe, aber das formale Princip ist nicht mehr dasselbe, sondern ein anderes geworden. Dadurch ist auch die Einheit des Leibes mit der Gottheit gelöst worden, weil der Leib aufgehört hat, das zu sein, was er früher war, wenn man auch nicht sagen darf, daß die Gottheit sich vom Leichnam Christi im eigentlichen Sinne getrennt hat[2]). Sollte diese Ansicht, so schließt

---

1) De corpore autem non potest sic dici omnino, immo oportet aliter dicere secundum ponentes pluralitatem formarum substantialium et aliter secundum ponentes unitatem earum. Si enim in homine sit talis pluralitas formarum ita quod corpus sit corpus per aliam formam ab anima quae maneat eadem in corpore vivo et mortuo, tunc dicendum est, quod a tali corpore nunquam fuit separata deitas. Et secundum hanc opinionem corpus Christi vivum et mortuum fuit idem numero, non solum identitate suppositi, sed etiam naturae, quia mansit ante mortem et post mortem eadem materia et eadem forma numero. In III. S. dist. 22. q. 1. n. 7.

2) Si autem in homine non sit alia forma substantialis praeter animam rationalem, tunc necesse est aliud aliqualiter dicere, videlicet quod divinitas non fuit proprie separata a corpore, cessavit tamen unio ejus cum corpore. Quod patet arguendo ut arguebatur prius de humanitate, quia unio cessat cessante altero extremorum, ... secundum autem hanc opinionem corpus desiit esse illud numero per mortem quantum ad illud, quod erat essentialiter, quia cum corpus non nominet solam materiam, sed compositum ex materia et forma dante esse corporeum, de intrinseca et essentiali ratione corporis est forma per quam habet esse corporeum, si autem in homine non est forma alia praeter animam, sed per eam solam habet corpus esse corporeum et animatum et sic de ceteris perfectionibus, cum illa separata fuerit in morte, sequitur

Durandus die Lösung dieser Frage, Jemanden befremdlich oder gar gefährlich vorkommen, so möge er wissen, daß sie aus der Annahme einer einzigen substantialen Form in Christus hervorgeht, einer Annahme, der man nicht allzu hartnäckig anzuhängen bräuchte, sobald es sich zeigen sollte, daß aus ihr etwas folgt, was dem Irrthum nahe kommt.

Man hat aus dieser Auseinandersetzung des Durandus folgern wollen, daß derselbe die Pluralität der Formen im Menschen lehre. Wir glauben aber, daß man diese Folgerung nicht ziehen darf. Durandus läßt an dieser Stelle die beiden Ansichten als gleichwerthig neben einander stehen. Welcher Ansicht er selber huldigt, geht aus dieser Stelle nicht sicher hervor. Bringt man dieselbe jedoch in Zusammenhang mit anderen Stellen, an denen er über das Verhältniß der Seele zum Leib, über die substantielle Einheit des Menschen und andere hieher gehörige Fragen spricht, so kann es nicht zweifelhaft sein, daß er nur Eine substantiale Form im Menschen anerkennt. Dies dürfte auch aus seiner Bemerkung hervorgehen, daß man erst dann von dieser Lehre ablassen müsse, wenn es sich herausstellen sollte, daß sie zum Irrthum führe. Das „pertinaciter adhaerere" scheint zu beweisen, daß man zu seiner Zeit mit großer Hartnäckigkeit die Lehre vertheidigte, daß im Menschen nur Eine substantiale Form vorhanden ist. Wäre dem nicht so gewesen, so hätte sich wenigstens Durandus nicht gescheut, offen und entschieden den h. Thomas zu bekämpfen, denn er hat bei nur zu vielen und wichtigen Lehren den Beweis geliefert, daß er auf die Worte seines großen Ordensmeisters nicht geschworen hat.

Die Gegner des h. Thomas behaupten nicht blos, daß die ältere Scholastik des Mittelalters die Frage über das Wesen des Körpers als eine Controverse behandelt habe, sondern daß auch die neuere Scholastik, wie sie durch die Jesuiten namentlich in Spanien begründet wurde, hierin von dem Aquinaten abweiche. Besonders soll S u a r e z, der Bannerträger der neueren Scholastik, eine Körperlehre aufgestellt haben, die sich sehr der Auffassung des Scotus nähert[1]). Nach P. Ramière läßt sich die Lehre des Suarez sehr leicht mit der Chemie unserer Tage

---

quod corpus desiit esse essentialiter quod erat. Et sic soluta est ejus unio cum divinitate propter desitionem ejus, quamvis non sit facta separatio proprie. Ib. n. 8.

1) Cf. Botalla o. c. p. 41 u. Ramière, „L'accord de la philosophie de St. Thomas." p. 26.

in Einklang bringen. Noch mehr als Suarez sollen Lessius, Tolomei, Lojada und die meisten Jesuiten des 17. Jahrhunderts von der thomistischen Körperlehre differiren.

Wir können die Lehren all' dieser Männer, deren Autorität auch von weniger Bedeutung ist, nicht speciell anführen, sondern begnügen uns, die Körperlehre des Suarez in Kürze zu entwickeln, um an ihm nachzuweisen, daß auch die neuere Scholastik über das Wesen der Körper in der Hauptsache nichts Anderes lehrt, als Thomas und seine Schule. Es wird sich wiederum zeigen, daß die Abweichungen zwischen dem Aquinaten und Suarez mehr im Ausdruck, als in der Sache liegen.

Suarez nimmt mit allen Scholastikern eine materia prima an[1]). Dieselbe ist nach ihm nur Eine in allen sublunarischen Körpern. Die Existenz der materia prima gewinnt er wie Aristoteles und alle Peripatetiker aus der Transmutation der Körper. Da alle Erdkörper und die Elemente ineinander substantiell verwandelt werden können, so muß es ein gemeinsames Subject geben, an dem sich die Wandlung vollzieht. Dieses „erste Subject" aller Substanzveränderung kann nicht selber ein Körper oder eine Substanz sein, denn in diesem Falle wären die Körper nicht mehr wesentlich von einander verschieden; ebenso würde die hinzukommende Form mit ihm kein unum per se bilden, sondern nur eine accidentelle Einheit. Dieses erste Subject aller substantialen Veränderung ist die materia prima.

Weil die materia prima an sich indifferent ist zu allen Formen, durch welche sie zum substantialen Compositum bestimmt wird, so ist sie an sich und ohne die Form keine complete Substanz, sondern nur eine incomplete, d. h. die Materie ist an sich keine Species und darum auch keine volle Wesenheit. Man kann deßhalb auch nicht sagen, daß die Materie in irgend einer Weise zusammengesetzt wäre, etwa aus einer substantialen Potenz und aus einer substantialen incompleten Form, wodurch sie etwa das generische Sein des Körpers besäße; sie ist etwas einfaches und nicht zusammengesetztes[2]).

---

1). Suarez behandelt die Lehre von Materie und Form in den elf Sectionen der disp. XIII seiner Metaph. Disput. Cornolbi hat diese Disputation eigens abdrucken lassen unter dem Titel: Francisci Suaresii Doctoris Eximii de corporum natura tractatus. Bononiae 1877, wodurch die Anschaffung dieses vortrefflichen Tractates Jedermann möglich ist.

2) Disp. XIII. sect. 3. n. 9—12.

Bekanntlich definirt der englische Lehrer die materia prima als potentia pura. Sie ist ihm eine „reine Potenz", weil sie weder einen Act der Essenz, noch der Existenz einschließt. Unter actus essentiae versteht der h. Lehrer dasjenige, wodurch etwas in eine bestimmte Species oder ein bestimmtes Genus eingereiht wird. Für den Menschen ist z. B. das rationale der Act seiner Wesenheit, weil er dadurch der species humana eingereiht wird. Actus existentiae ist jener, wodurch etwas außer seiner Ursache und seiner Möglichkeit gesetzt wird, so daß es in sich selber besteht. Die existentia kommt nur dem zu, was eine Wesenheit hat. Da nun die materia prima weder eine Species oder ein Genus ist, noch etwas solches, wodurch eine Wesenheit außer ihrer Ursache und ihrer Möglichkeit gesetzt wird, d. h. in's Dasein tritt: so schließt sie jeden Act der Essenz und Existenz aus und muß als bloße Potenz gefaßt werden [1].

Suarez stimmt insoweit mit dem Aquinaten überein, daß auch er die Materie als eine potentia pura bezeichnet, worin, wie er sagt, alle Philosophen übereinkommen, doch bedarf nach ihm diese Ausdrucksweise einer sorgfältigen Erklärung [2]. Man darf die potentia pura der Materie nicht so erklären, daß sie gar keinen Act einschließt, wie es Thomas thut, im Gegentheil, man muß sagen, daß die materia prima aus sich und als solche sowohl einen Actus der Essenz, als der Existenz besitzt. Allerdings kommt der Materie diese doppelte Wirklichkeit nicht unabhängig von der Form zu, sondern nur mit Rücksicht ihrer inneren Beziehung zur Form.

Der doctor eximius begründet seine Abweichung von der thomistischen Schule auf mehrfache Weise. Die Materie wird innerlich in

---

[1] In substantiis compositis non potest dici, quod alterum eorum tantum essentia dicatur. Quod enim materia sola non sit essentia planum est, quia res per suam essentiam cognoscibilis est, et in specie ordinatur vel genere: materia autem non est cognitionis principium, nec secundum eam aliquid ad speciem vel ad genus determinatur, sed secundum id solum quo in actu aliquid est. Neque etiam forma tantum substantiae compositae essentia dici potest, quamvis quidam hoc asserere conentur. Ex his enim quae dicta sunt patet, quod essentia est id quod per definitionem rei significatur; definitio autem substantiarum naturalium non tantum formam sed et materiam continet. St. Th. de ente et essentia c. 2.

[2] Disp. XIII. sect. 5. n. 1.

ihrem Sein nicht durch die Form conſtituirt, denn in dieſem Falle wäre die Materie ohne die Form kein Sein, ſondern ein Nichts. Wenn aber die Materie unabhängig von der Form eine Realität und eine phyſiſche Potenz iſt, dann muß ihr auch unabhängig von der Form irgend welche Weſenheit zukommen. Einen weitern Grund dafür, daß die Materie einen Act der Weſenheit einſchließt, findet Suarez darin, daß die materia prima aus ſich eine einfache Realität, simplex entitas, iſt. Zum Begriffe einer einfachen Entität gehört es aber, daß ſie nicht durch etwas Anderes, ſondern durch ſich ſelbſt in ihrem Sein und in ihrer Weſenheit conſtituirt wird, folglich iſt die Materie durch ſich ſelbſt eine Weſenheit[1]). Und nicht bloß den Act der Eſſenz hat die Materie aus ſich, ſondern auch den Act der Exiſtenz, der verſchieden iſt von der Exiſtenz, die ſie durch die Form hat. Der Act der Exiſtenz fügt nämlich zur Weſenheit nichts Reales hinzu, ſondern iſt mit der verwirklichten Weſenheit identiſch. Da nun die Materie eine Weſenheit hat und dieſe Weſenheit in den Körpern wirklich iſt, ſo kommt ihr auch unabhängig von der Form die Exiſtenz zu[2]). Außer anderen Gründen

---

1) Dico ergo primo: Materia prima ex se et non intrinsece a forma habet suam entitatem actualem essentiae, quamvis non habeat illam, nisi cum intrinseca habitudine ad formam. Loquor in hac assertione de actuali esse essentiae, ut in nominibus et modo loquendi conveniam cum auctoribus contrariae opinionis, quanquam in hoc sensu et quoad hanc partem non video, quomodo possit esse opinionum diversitas (Suarez hält ſomit ſelber dafür, daß er ſachlich nicht von der thomiſtiſchen Schule abweicht): nam materia creata a Deo et in composito existens, habet aliquam essentiam realem, alioquin non esset ens reale; sed essentia materiae non constituitur intrinsece in suo esse essentiae per formam: ergo per se ipsam habet suam qualemcunque entitatem essentiae . . . Unde sumitur secunda ratio: nam omnis entitas simplex necessario habet per se ipsam intrinsece et non per aliam entitatem suam essentiam, quia in hoc consistit ipsamet ratio entitatis seu essentiae simplicis: sed materia est essentia simplex: ergo. Ibid. sect. 4. n. 9.

2) Dico secundo: Materia prima etiam habet in se et per se entitatem seu actualitatem existentiae distinctam ab existentia formae, quamvis illam habeat dependenter a forma. Fundamentum hujus conclusionis, supposita praecedenti, est, quia esse existentiae nullam rem vel modum realem addit supra entitatem essentiae, ut actualem et extra causas positam, quia hoc ipso, quod entitas concipitur actualis extra causas, concipitur existens. Quod principium infra disp. 34 ex professo

geht dies auch aus folgendem hervor: Die Materie, wie sie der Form unterliegt und Subject der Generation ist, ist kein reines Nichts, denn sonst könnte aus ihr nichts generirt werden, folglich muß sie als eine geschaffene Realität betrachtet werden. Wenn aber dies, dann ist sie auch eine actuelle und existirende Realität, denn alle Schöpfung terminirt in der Existenz, und ein reales Subject kann es nicht geben, wenn es nicht in rerum natura existirt. Die Materie schließt somit den Act der Existenz ein. Allerdings fügt er auch hier wieder bei, daß diese Existenz der Materie von der Form abhängt und daß sie so unvollkommen ist, daß sie ohne Hilfe der Form naturgemäß nicht bestehen kann — illa (sc. existentia) tamen adeo imperfecta est, ut sine formae adminiculo naturaliter esse non possit[1]).

Wenn man die Gründe beachtet, mit denen der doctor eximius seine abweichende Ansicht zu stützen sucht, so erkennt man unschwer, daß zwischen dem englischen Lehrer und Suarez kein sachlicher Unterschied besteht. Suarez schreibt deßhalb der Materie eine Wesenheit und Existenz zu, weil sie kein Nichts, sondern ein Sein, eine Realität ist. Der h. Thomas leugnet aber keineswegs die Realität der Materie; im Gegentheil, er theilt ihr ein Sein zu. Der Aquinate sagt nur, daß man das Sein der Materie nicht ein Sein der Wesenheit und der Existenz nennen könne. Weil die Materie kein solches Sein hat, wodurch sie in ein Genus oder in eine Species eingereiht wird, so kann man ihr Sein auch keine Wesenheit und folglich auch kein Sein der Existenz nennen. Suarez hingegen nimmt den Begriff Wesenheit weiter und theilt die Wesenheit auch dem zu, was nur irgendwie das Sein besitzt. Der Unterschied zwischen den beiden großen Lehrern, um es wiederum zu sagen, besteht nicht in der Sache, sondern nur in den Worten. Goudin hat deßhalb vollständig recht, wenn er die Gegner vor die Alternative stellt: Quaero ab adversariis, quid tandem intelligant per actum essentialem? Vel enim intelligunt omne id quod non est nihil, ita ut actus opponatur nihilo, et quidquid non est nihil, dicatur actus; et in hoc sensu sine dubio materia erit

---

probandum est. Ex illo autem evidenter sequitur materiam, sicut habet entitatem essentiae actualem, distinctam a forma, ita habere suum proprium esse existentiae, quod retinet sub quacunque forma. Ibid. sect. 4. n. 13.
[1]) Ibid. n. 14.

actus, quia non est nihil, sed res aliqua. Sed hoc modo usurpare nomen actus, est abuti terminis; quia et potentia quoque annumeratur in rebus, ingrediturque compositionem entis creati[1]). Vel intelligunt per actum essentialem aliquid determinatum in linea entis et exprimens modum essendi specialem, in quo sensu dixit D. Thomas, „actum esse id quod determinat potentiam"; et sic materia non est actus, quia de se est quid indeterminatum, et ad omnes entis materialis species indifferens[2])." Es ist demnach ein arger Mißbrauch, den man mit der Auctorität eines so gefeierten Namens treibt, wenn man ihn mit dem h. Thomas in wesentlichen Zwiespalt bringen will und ihm Lehren unterschiebt, die mit dem heutigen Atomismus Aehnlichkeit haben, Lehren, die er immer als falsch und sogar als absurd verworfen hat.

In dem Vorhergehenden haben wir bereits den Hauptdifferenzpunkt zwischen Suarez und den Thomisten berührt. Die übrigen Differenzen betreffen nur solche untergeordnete Fragen, in denen auch innerhalb der Thomistenschule Verschiedenheit herrscht. Hieher gehört z. B. die Frage um die Causalität und das Subject der Accidentien im körperlichen Compositum. Die Einen behaupten, die materia prima sei an sich und ohne die Form Ursache der körperlichen Eigenschaften, wie der Quantität, Figur, Farbe u. dgl.; andere leugnen dies und schreiben der Materie als solcher keine Causalität bezüglich der Accidentien zu, sondern nur dem Compositum. Suarez hat hierin seine eigene Ansicht, die von der des h. Thomas verschieden ist. Dagegen stimmt er in den wichtigen Fragen über die Eduction der Form und das Verbleiben der Elemente in der Mischung mit dem Aquinaten überein. In der letzteren Frage tadelt er sogar den Cajetan, der behauptet, daß Scotus über das Verbleiben der Elemente anders denke, als Thomas. Nach Suarez findet in diesem Punkte zwischen den beiden Lehrern keine Differenz statt[3]). Auch in der Lehre über die Himmelskörper stimmen Suarez und Thomas überein. Die Himmelskörper sind gleichfalls aus Materie

---

1) Statt „quia et potentia . . . entis creati" hat die neueste Pariser Ausgabe: „Quia inter nihil et ens actu mediat potentia realis."

2) Philos. Divi Thomae. t. II. pars I. qu. 2. art. 2.

3) Immerito (sc. Scotus) inpugnatur a Caietano; non enim repugnat doctrinae D. Thomae, nullibi enim id negavit: quin potius id indicat in sensu a nobis exposito. Disp. XV. sect. 10. u. 41.

und Form zusammengesetzt. Suarez hält nur dafür, daß ihre Materie eine andere ist, als die der sublunarischen Körper.

In der Psychologie ist die Uebereinstimmung zwischen den beiden großen Lehrern noch größer. Suarez erklärt die aristotelische Definition von der Seele (anima est actus corporis physici potentia vitam habentis), aus welcher Scotus seine forma corporeitatis herleiten wollte, genau so, wie der englische Lehrer [1]). Er bekämpft die Pluralität der Formen heftig [2]) und bedient sich dabei der Gedanken des h. Thomas, dessen Beweisführung er eine demonstrative nennt und dessen Lehre er mit dem Prädicat „verissimam" belegt [3]), während er die Gründe des Scotus und Heinrich v. Gent als „valde debiles" [4]) bezeichnet. Wie mag man sich nun erkühnen und behaupten, Suarez nähere sich in seiner Lehre über Materie und Form dem Duns Scotus?

Gegen die Lehre von einer einzigen substantialen Form im Menschen, welche Suarez auch in der h. Schrift begründet sein läßt, haben die Gegner alle möglichen Schwierigkeiten aufgebracht. Man will besonders nicht einsehen, wie die vernünftige Seele dem Körper das körperliche, i. e. das materielle Sein verleihen könne. Suarez antwortet, wie der doctor angelicus, daß die Seele nicht das materielle Sein verleiht, sondern nur bewirkt, daß die Materie zum menschlichen Körper wird. Die Seele ist nur Ursache, daß der Stoff zu seiner Bestimmung und Vollkommenheit gelangt [5]).

An zweiter Stelle hat die forma cadaverica den Gegnern des h. Thomas von jeher großen Schrecken verursacht. Suarez kommt den Erschrockenen nicht zu Hilfe, etwa durch eine Leugnung der Cadaverform, sondern er behauptet ganz entschieden gegen Scotus und Heinrich

---

1) Ibid. n. 15.

2) Ex his ergo satis concluditur, non sequi ex mistione elementorum, quod sint in misto plures formae substantiales: quia formae elementorum non manent in misto formaliter, sed virtute tantum, quae est sententia Aristotelis et communiter recepta. Ibid. n. 52.

3) Ibid. n. 62.

4) Ibid. n. 14.

5) Respondendum est, formam non dare esse materiae, sed composito, nimirum homini, qui essentialiter rationalis est; materiae vero eatenus dicitur dare esse, quatenus illam in suo esse conservat. Neque est necessarium ut homo ratiocinatur per corpus, sed satis est, ut corpus modo aliquo deserviat ratiocinationi. De anima l. I. c. 12. n. 18.

b. Gent: In morte hominis et cujuscunque animalis forma cadaveris introducitur, ne materia maneat sine forma[1]). Selbstverständlich lehrt er dann auch consequent mit dem h. Thomas, daß beim Tode Christi in die Materie des Leibes die forma cadaveris introducirt wurde, wie dies bei jedem andern Menschen der Fall ist. Auch bezüglich der Beantwortung anderer Schwierigkeiten, wie z. B. derjenigen, die aus den Consecrationsworten des Brodes und Weines genommen wird, findet er sich im Einklange mit dem Engel der Schule. Es ist demnach vollkommen gerechtfertigt, wenn man Suarez zu seiner Zeit als den wiedererstandenen Thomas (alter Aquinas), den Mund des Aquinaten, den ersten Schüler und besten Interpreten des Engels der Schule gefeiert hat[2]).

Wir haben nunmehr die cosmologischen und psychologischen Lehren all' jener Scholastiker durchgegangen, welche unsere Gegner gern für sich in Anspruch nehmen möchten[3]). Es that uns für den Leser leid, daß wir unter jedem Namen fast dasselbe wiederholen mußten, aber es war dies nothwendig, um unwiderleglich darzuthun, daß auch jene mittelalterlichen Lehrer, welche man als Gegner der thomistischen Doctrin bezeichnet, in der Frage über das Wesen der Körper und des Menschen wesentlich nicht differiren. Wir finden bei allen die Zusammensetzung aus Materie und Form; alle anerkennen eine materia prima und forma substantialis und definiren die beiden Wesensprincipien auf dieselbe Weise, denn die Abweichungen liegen entweder nur im Ausdruck oder sind untergeordneter Natur. In der wichtigen und ausschlaggebenden Frage bezüglich des Verbleibens der Elemente in der Mischung sind mit Ausnahme des Albertus Magnus, der sich hierin unbestimmt ausdrückt, abermals alle einstimmig, daß die Elemente nicht unversehrt, sondern nur virtuell in der Mischung vorhanden sind. Auch in den übrigen hieher gehörigen cosmologischen Fragen, wie z. B. über die Eduction der Form und das Lebensprincip, herrscht kein wesentlicher Dif-

---

1) Disp. XV. sect. 10. n. 16.
2) Cf. Werner, „Suarez und die Scholastik der letzten Jahrhunderte." I. Bd. p. 90 ff.
3) Namen von geringerer Bedeutung haben wir übergangen. Unter ihnen wird auch Petrus Aureolus († 1321) aufgeführt. Derselbe stimmt bezüglich der beseelten Wesen mit Scotus überein, in seiner Definition der materia prima weicht er jedoch von Scotus ab und schließt sich an Thomas an.

sensus. Man muß nur im Auge behalten, daß die mittelalterlichen Denker einander nicht wörtlich nachbeten, sondern daß jeder in seiner individuellen Weise sich ausdrückt. Jeder gibt dieselbe Sache, aber in anderer Form. Eine erhebliche Differenz entsteht erst bei der Frage, ob im Menschen nur Eine Form vorhanden ist oder mehrere. Aber auch jene, welche im Menschen eine Pluralität der substantialen Form anerkennen, verwahren sich mit aller Entschiedenheit, daß dadurch der substantialen Einheit des Menschen auch nur im mindesten Eintrag gethan werden soll. Auch nach ihnen bleibt die Seele Informationsprincip für den Leib; sie gibt dem Leibe das menschliche Körpersein und verbindet sich dadurch mit dem Leibe im Sein, so daß aus beiden Ein Sein und Eine Wesenheit entsteht. Sie entfernen sich deßhalb mit Nichten von dem Grundgedanken der Lehre von Materie und Form; sie stehen innerhalb des Rahmens der peripatetischen Körperlehre. Es bleibt deßhalb wahr, was wir schon wiederholt behauptet haben, daß in der Frage über das Wesen der Körper und des Menschen die alte Schule einig ist.

Die Differenzen in dieser Lehre verlieren noch mehr an Bedeutung, wenn man bedenkt, daß jede Lehre eine Entwickelungsstufe durchmachen muß. Im ersten Auftreten erscheint sie unklar und unbestimmt, erst die weitere Entwickelung gibt ihr Klarheit und Bestimmtheit. Dies gilt wie von der ganzen Scholastik, so ganz besonders von der Lehre über das Wesen der Körper. Bei Alexander von Hales, der zum ersten Male die aristotelische Physik und Psychologie verwerthet, ist die Körperlehre noch vielfach unbestimmt; er vermag die neuen Gedanken noch nicht so sicher zu gebrauchen. Auch der doctor universalis weiß sich noch nicht vollständig von der Auffassung des Avicenna über das Verbleiben der Elemente in dem gemischten Körper loszumachen. Erst unter seinem Schüler, dem englischen Lehrer, gelangt, wie manche andere Lehre, so auch diese zu ihrer vollen Bestimmtheit und Klarheit und zu ihrer vollen Bedeutung.

Botalla hat es dem Verfasser sehr übel genommen, daß er in seiner Schrift „Materie und Form" diese Lehre eine Fundamentallehre genannt hat, mit der das peripatetische System steht und fällt. Die Darstellung dieser Lehre bei den bedeutendsten Scholastikern dürfte gezeigt haben, daß in der That diese Lehre nicht blos ihre Naturphilosophie und Psychologie und Metaphysik, sondern auch vielfach ihre Theologie beherrscht. Die Philosophie hat zum Objecte das Wesen der Dinge. Die

Frage um die Wesenheit und um die Principien, welche die Wesenheit constituiren, ist deßhalb für jedes System eine Grundfrage. Und weil die Proprietäten und die Thätigkeit aus dem Wesen kommen, so hängt von der Auffassung des letztern die Erkenntniß aller Eigenschaften und Activität und somit alles dessen ab, was an den Dingen sich findet. Wir müssen deßhalb auch hier wiederholen: die Lehre von Materie und Form ist eine Fundamentallehre, und wer ihr nicht anhängt, gehört nicht zur peripatetischen Schule.

Es würde uns noch erübrigen, den Einwurf zu corrigiren, daß die thomistische Lehre im 17. Jahrhundert von dem größten Theil der katholischen Schule aufgegeben und im 18. Jahrhundert allgemein verschmäht worden und jetzt gänzlich aus dem philosophischen Unterricht eliminirt sei. Wir unterlassen es, da Cornoldi darauf bereits geantwortet[1]) und eine allseitige Widerlegung zu weit führen würde. Wir bemerken nur, daß im 17. Jahrhundert die Lehre des Engels der Schule an den vorzüglichsten Hochschulen, wie zu Paris, Coimbra, Salamanka, und an den meisten katholischen Anstalten herrschte. Wir geben zu, daß dieselbe im 18. Jahrhundert vielfach von der cartesianischen Philosophie verdrängt wurde. Aber wer wird aus diesem Factum für die thomistische Doctrin Nachtheiliges folgern? Hat nicht gerade der Abfall vom h. Thomas und die Annahme der Atomenlehre des Cartesius so viel Unheil für die katholische Philosophie gebracht? Gehören nicht die philosophischen Verirrungen des 18. Jahrhunderts zu den beklagenswerthesten? Um so weniger läßt sich aus diesem Abfalle etwas schließen, als an die Stelle der thomistischen Doctrin durchaus nicht die des Scotus gesetzt wurde, sondern der Abfall war gleichmäßig von Thomas, wie von Scotus. Daß aber auch im 18. Jahrhundert der Abfall nicht ein vollständiger war, dafür ließen sich viele Thatsachen anführen[2]). Wir

---

1) „La conciliazione della fede . . ." p. 150 seq.

2) Unter den wenigen Namen aus der Gesellschaft Jesu, die Ramière als Gegner des h. Thomas citirt, ist auch Ulloa. Aber gerade dieser hat seine „Physica speculativa" (Romae 1713) vornehmlich gegen die neue Secte des Atomismus geschrieben, welche die Jugend zu verderben suche, aber glücklicher Weise noch von keiner Universität in Spanien angenommen ist. Haec contra materiam primam formasque substantiales peripateticas opinio, quam nulla Hispania Universitas est amplexa, multis placuit ex nationibus exteris. Er hält eine Pluralität der Formen in den Mischungen und lebenden Wesen für probabel.

erinnern nur an die Jesuitenschulen, in welchen um das Jahr 1757 durch die Generalcongregation folgende Sätze zu lehren verboten wurden: Non datur materia prima; elementa non componuntur ex materia et forma, sed ex atomis; mixta etiam corpora (excepto homine) non habent propriam formam substantialem, sed pro varia atomorum mixtura et dispositione exhibent illas species quas videmus auri, marmoris .... ¹). Wenn auch zu Anfang dieses Jahrhunderts die Philosophie des Engels der Schule fast ganz verlassen war, so ist dies in den letzten Jahrzehnten ganz anders geworden; der doctor angelicus ist bereits wieder nahe daran, der gemeinsame Lehrer aller katholischen Schulen zu sein.

Fünftes Kapitel.

Die Verurtheilungen der Lehre des h. Thomas.

Um den Beweis zu führen, daß die Körperlehre des Aquinaten im Mittelalter durchaus nicht allgemein anerkannt war, verweisen die heutigen Gegner desselben auf die wiederholten Verurtheilungen, welche gerade jene cosmologischen und psychologischen Lehren erfahren haben, die unsere gegenwärtigen Streitfragen betreffen.

Schon zu Lebzeiten des h. Thomas soll sich zu Paris ein heftiger Kampf gegen seine Lehre von einer einzigen Form im Menschen erhoben haben. Dieser Kampf sei nach seinem Tode noch heftiger geworden. Unter den Sätzen, die wiederholt von der Universität Paris verurtheilt wurden, seien mehrere gewesen, die dem englischen Lehrer angehörten. Von Paris habe sich der Widerstreit gegen Thomas auf die englischen Hochschulen verpflanzt und zur Folge gehabt, daß der Erzbischof von Canterbury, Robert Kildwardby, obwohl selbst Dominicaner, an der Spitze der Oxforder Theologen die in Paris verurtheilten Sätze nochmals verurtheilte. Sein Nachfolger, Johann Peckham, habe nicht blos diese Censur bestätigt, sondern auch feierlich in einer Synode die betreffenden Sätze, unter denen der achte die Einheit der substantialen Form behauptet, als häretisch verworfen. Diese Verurtheilungen, schreibt

---

1) Cf. Pascal, „St. Thomas et le R. P. Bottalla." Paris 1878. p. 70.

Bottalla, beweisen zum Mindesten so viel, daß in dieser Frage eine tiefe Spaltung in der Schule herrschte; sie beweisen aber auch, daß man diese Ansichten nicht blos als neu betrachtete, sondern auch mit den Sätzen in Zwiespalt fand, die man bisher als sicher vertheidigt hatte[1]).

Diese Censuren sollen einen allgemeinen Abfall von der thomistischen Doctrin nach sich gezogen haben. Selbst ein großer Theil der Dominicaner soll die Doctrin ihres großen Ordensgenossen aufgegeben haben. Nur durch viele Bemühungen und durch strenge Maßnahmen der Ordenscapitel der Dominicaner, welche unter strengen Strafen zum Festhalten an der thomistischen Lehre verpflichteten, sei es gelungen, die Lehre des h. Thomas zur alleinherrschenden im Predigerorden zu machen.

Ehe wir die Uebertreibungen und historischen Unrichtigkeiten, welche sich unsere Gegner in der Schilderung des Kampfes gegen die thomistische Lehre zu Schulden kommen lassen, auf ihr rechtes Maß zurückführen, bemerken wir zuvor, daß der Kampf gegen eine wissenschaftliche Lehre noch kein Zeichen ihrer Falschheit bildet. Wäre die Bekämpfung einer Lehre ein Zeichen ihrer Falschheit, dann müßten wir alle philosophischen Lehren und Systeme als gleich falsch verwerfen, denn alle Systeme sind bekämpft und heftig bekämpft worden. Was müßte man von der h. Schrift halten, wenn man einen solchen Maßstab an sie anlegen wollte? Es ist ja ein Satz allgemeiner Erfahrung, daß gerade die Wahrheit am meisten bekämpft wird. Will man aus dem Kampfe gegen den englischen Lehrer, der nun bereits sechshundert Jahre dauert, etwas folgern, so kann dies nur zu Gunsten seiner Lehre sein. Ein Lehrsystem, an dem Jahrhunderte nichts Erhebliches zu ändern vermögen, kann nur auf dem Boden der Wahrheit erbaut sein. Der Engel der Schule hat seine Gegner gehabt und hat sie noch immer und er wird sie auch in Zukunft haben. Das leugnen wir nicht; aber das leugnen wir entschieden, daß diese Gegnerschaft zu den Lebzeiten des h. Lehrers und unmittelbar nachher so allgemein gewesen ist, als es die Gegner gern wünschten.

Wir müssen es vor Allem als eine volle Unwahrheit bezeichnen, daß sich schon zu Lebzeiten des h. Lehrers an der Pariser Universität ein heftiger Kampf gegen die Lehre von der Einheit der Form in jedem Compositum erhoben habe. Die geschichtlichen Nachrichten wissen von einem solchen Kampfe nichts. Dagegen wissen die Urkunden sehr viel

---

1) Bottalla o. c. p. 35 seq. — Cf. Ramière, „l'Accord . . ." p. 24.

von dem immensen Ansehen zu erzählen, das der Engel der Schule an den Universitäten zu Neapel, Bologna, Pavia und ganz besonders zu Paris genoß. Um sich davon einen Begriff zu machen, muß man das Schreiben lesen, das die Universität Paris bei seinem Tode an das Provinzialcapitel der Dominicaner, das gerade in Lyon versammelt war, richtete. Größeres Lob und größere Huldigungen hätte die erste wissenschaftliche Auctorität der damaligen Welt nimmer zu ertheilen vermocht. Sie kann ihrem Schmerze nicht Ausdruck geben, um zu beklagen, daß die hellleuchtende Sonne der Wahrheit aufgehört habe, die Kirche zu erleuchten, daß derjenige heimgegangen sei, der nur durch eine ganz besondere Gnade der Welt geschenkt worden ist, und in dem die göttliche Weisheit selber sich niedergelassen zu haben schien, um die tiefsten Dunkel der Natur zu entfalten [1]). Und das schreiben dieselben Männer, die sich vor noch nicht langer Zeit entschieden geweigert hatten, einem Gliede der Mendikanten-Orden einen Katheder einzuräumen. Zu seinen Lebzeiten durften es seine Feinde, wenn er unter den hervorragenden Lehrern solche hatte, nicht wagen, Lehren anzugreifen, die er in allen seinen Schriften mit der größten Entschiedenheit behauptete und mit der ihm allein eigenen Klarheit begründete. Es ist wohl wahr, daß gleichzeitig mit dem englischen Lehrer Heinrich v. Gent mit großem Erfolge in Paris docirte, der in untergeordneten Fragen von Thomas abwich. Aber von einem Kampfe des doctor solemnis gegen den Aquinaten weiß die Geschichte nichts; im Gegentheil, derselbe war dem h. Thomas in größter Verehrung zugethan. In seinen Schriften, die nach dem Tode des h. Thomas veröffentlicht wurden, bekämpft er thomistische Lehren, wie z. B. das Individuationsprincip; aber er nennt den Namen des doctor angelicus nicht. So groß ist seine Verehrung gegen den h. Lehrer.

Nicht minder unrichtig ist, wenn man behauptet, daß schon zu seinen Lebzeiten mehrere Sätze aus seiner Doctrin zu Paris verurtheilt worden seien. Es haben mehrfache Verurtheilungen während seines Lebens stattgefunden, dieselben betrafen jedoch vorzüglich die averroistischen Irrthümer, deren Bekämpfung für ihn eine Lebensaufgabe war; sie haben mit seiner Lehre nur so viel zu thun, daß sie in derselben widerlegt sind.

Der Kampf gegen die thomistische Lehre brach erst nach dem Tode

---

1) Du Boulay, „Hist. Acad. Paris." T. III. p. 408.

des h. Thomas aus. Die erste Veranlassung hiezu gab jedoch nicht die Lehre über das Wesen der Körper und des Menschen, sondern die Frage um das Individuationsprincip. Im Jahre 1277 ließ Bischof Stephan Tempier durch eine Versammlung der Pariser theologischen Facultät einen Syllabus der damals an der Artistenfacultät herrschenden Irrthümer herstellen und verurtheilte 222 Sätze aus der Theologie und Philosophie. In diesem Syllabus befinden sich drei Sätze, welche Heinrich v. Gent mit folgenden Worten aufzählt: Unde et inter erroneos articulos nuper ab Episcopo Parisiensium damnatos est illa propositio. Unus enim illorum articulorum dicit sic: quod Deus non possit multiplicare plura individua sub una specie sine materia, error. Alius vero dicit sic: quod formae non recipiunt divisionem, nisi secundum materiam, error, nisi intelligatur de formis eductis de potentia materiae. Tertius dicit sic, quod quia intelligentiae non habent materiam, Deus non posset plures facere ejusdem speciei, error[1]).

Und damit man nicht im Zweifel, wer mit diesen drei Sätzen verurtheilt sei, sollen dieselben den Zusatz gehabt haben „Contra fratrem Thomam". Wenigstens findet sich in einigen Manuscripten dieser Zusatz.

Wir könnten diese Verurtheilung von 1277 ganz übergehen, da sie die Lehre von Materie und Form nicht berührt; weil man aber in neuester Zeit daraus wieder Capital gegen den Thomismus schlagen will, wollen wir die Sache in das rechte Licht setzen. Was den Zusatz „Contra fratrem Thomam" anlangt, so ist derselbe sicher unächt, wie mehrfach nachgewiesen ist. Es klingt auch geradezu unglaublich, daß lediglich die Thesen des h. Thomas den Namen des Autors bei sich gehabt haben sollen, während dies bei keiner der übrigen Thesen der Fall gewesen ist[2]). Damit wollen wir aber keineswegs behaupten, daß in diesen drei Thesen die Doctrin des Thomas nicht gemeint sein konnte. Es ist ja bekannt, daß darüber gestritten wurde, ob in diesen Sätzen die Doctrin des Aquinaten verurtheilt worden sei oder nicht, weßhalb seine Freunde an Bischof Stephan von Bouret die Bitte stellten, bezüglich der von seinem Vorgänger vollzogenen vermeintlichen Verurtheilung des englischen Lehrers eine beruhigende Erklärung abzu-

---

1) Quodlib. II. qu. 8.
2) Cf. Werner, „Der h. Thomas v. Aquin." T. I. p. 865 ff.

geben. Dieselbe erfolgte 1323 und sprach mit aller Entschiedenheit aus, daß durch die vielgenannte Censur seines Amtsvorgängers die Doctrin des h. Thomas in keiner Weise berührt sein soll[1]).

Wenn aber auch unter den zu Paris 1277 verdammten Sätzen solche gewesen sein sollten, die dem h. Thomas angehörten[2]), so hat das dem Ansehen und der Verbreitung seiner Lehre keinen Eintrag gethan, da man jener Verurtheilung alle Autorität absprach. Dieselbe soll nämlich nicht auf den Rath aller Pariser Doctoren erfolgt sein, sondern nur auf das Betreiben einiger unzufriedener Köpfe — ad requisitionem quorundam capitosorum, wie sich Aegydius von Colonna ausdrückt. Wilhelm von Ockam, gewiß ein unverdächtiger Zeuge für den englischen Lehrer, behauptet geradezu, daß unter den verurtheilten Sätzen sich viele Wahrheiten befinden, weßhalb die reprobirten Artikel heimlich und öffentlich zu Paris gelehrt werden — multi scienter nonnullas assertiones damnatas Parisiis occulte et publice docuerunt[3]).

Im selben Jahre, nämlich 1277, verwarf die Universität Oxford, an ihrer Spitze der Erzbischof Robert Kildwardby, in ähnlicher Weise eine Reihe von Sätzen, die verschiedenen Gebieten des Wissens angehörten. Der letzte dieser Sätze soll die Lehre des h. Thomas von der Einheit der substantialen Form im Menschen gewesen sein. Sein Nachfolger auf dem Stuhle von Canterbury, Johannes Peckham, bestätigte nicht blos diese Censur im Jahre 1284, sondern er berief eine neue Versammlung der Theologen und verurtheilte 1286 acht Thesen als Häresien. Alle diese Thesen drehen sich mehr oder minder um die Einheit der substantialen Form im Menschen. Die letzte Thesis drückt dies offen aus, indem sie lautet: Octavus est, quod in homine est tantum una forma sc. anima rationalis, et nulla alia forma substantialis: ex qua opinione sequi videntur omnes haereses supradictae.

---

1) Supradictam articulorum condemnationem, quatenus tangunt vel tangere asseruntur sanam doctrinam S. Thomae doctoris eximii, ex certa scientia, tenore praesentium totaliter annulamus. Das Actenstück ist vollständig abgedruckt in Cornoldi's „La conciliazione della fede cattolica con la vera scienza." p. 138 seq.

2) Nach Hauréau (De la philosophie scolastique t. II. 215) sollen die meisten der censurirten Sätze die Franziscanerschule betroffen haben.

3) Zigliara op. c. p. 204 seq.

Da Zigliara in seinem vortrefflichen Buche diese Verurtheilungen von Oxford ausführlich behandelt [1]), so können wir uns mit folgenden Bemerkungen begnügen:

1) Diese Synoden, wenn man sie so nennen will, sind weder im Ganzen noch theilweise von der Kirche bestätigt worden und besitzen darum nicht die mindeste kirchliche Auctorität. Und wenn sie je solche besessen hätten, so wäre diese durch die Canonisationsbulle Johann XXII. beseitigt worden, in welcher die Doctrin des h. Thomas mit den größten Lobsprüchen erhoben und kirchlich approbirt wird.

2) Es ist eine Uebertreibung, wenn man durch diese Synoden einen allgemeinen Abfall von der thomistischen Doctrin herbeiführen läßt. Im Gegentheil, die Dominicaner widersetzten sich mit aller Kraft dieser Censur der Lehre ihres Meisters und fuhren fort, dieselbe zu lehren und zu vertheidigen. Und dies thaten sie nicht blos in England, sondern auch in Italien und Frankreich und allüberall. Und doch liest man nirgends, daß sie durch Bischöfe oder Päpste zum Gehorsam gegen die Censur des Kildwardby und Peckham angehalten wurden. Dieselbe ist demnach von den anderen Bischöfen nicht anerkannt worden. Ihre Wirkung war darum nicht besonders groß. In England sind nur wenige Dominicaner der Lehre des h. Thomas untreu geworden und diesen Wenigen stellt die Geschichte kein gutes Zeugniß aus; „paucos et petulantes" nennt sie Echard. Auf die Universität Paris scheint die Verurtheilung in England wenig oder gar keinen Einfluß geübt zu haben. Gottfried von Fontaine wenigstens, ein Zeitgenosse des Stephan Tempier und berühmter Lehrer und Kanzler zu Paris, behauptet, daß zu Paris die Lehre de unitate formae substantialis nicht für irrig gehalten wird. Er wundert sich deßhalb, wie ein einziger Gelehrter (unus homo) öffentlich zu Paris zu behaupten wage, daß diese Artikel (nämlich des Kildwardby) nicht blos in England, sondern allgemein als Häresien verurtheilt sind [2]). Dem Gottfried pflichtet Okam, ein Gegner des h. Thomas, bei, der geradezu behauptet, daß die Ansicht des h. Thomas de unitate formae in homine in Paris von mehreren Lehrern vorgetragen und vertheidigt werde — opinionem Thomae de unitate formae in homine inter alias condemnavit

---

1) Ib. p. 196—213.
2) D'Argentré, „Collectio judic." T. I. p. 216.

(sc. Kildwardbyus); et tamen tu scis quod plures Parisiis ipsam publice tenent et defendunt et docent[1]).

3) Die in England erfolgten Verurtheilungen thaten deßhalb der Ausbreitung der thomistischen Lehre nicht im mindesten Eintrag. Außer dem Dominicanerorden, in welchem die Doctrin des h. Thomas bald nach seinem Tode zur allgemeinen Geltung gelangte, schloß sich der Orden des h. Augustin ganz an die Doctrin des Aquinaten an. Schon 1287 verordnete das Generalcapitel der Augustiner, daß alle Lectoren und Studenten unverbrüchlich der Lehrweise ihres großen Ordensmagister Aegydius folgen sollen[2]). Nun ist es aber allbekannt, daß Aegydius vollständig in die Fußstapfen des englischen Lehrers getreten ist. Das Gebot, dem Aegydius zu folgen, bedeutet deßhalb ebenso viel, als wenn das Generalcapitel die Doctrin des h. Thomas zum Gebote gemacht hätte. Ebenso wurde durch Humbert von Prulli der Cistercienserorden für die thomistische Doctrin gewonnen, ein Orden, der gerade damals sehr verbreitet und mächtig war. Der Generalprior der Carmeliten, Gerard v. Bologna († 1317), steht gleichfalls in allen wesentlichen Fragen auf Seite des h. Thomas gegen Scotus. Radulph der Bretaigner (am Ende des 13. und im ersten Viertel des 14. Jahrhunderts lebend) ist ebenfalls ein vollständiger Thomist. Nicht minder haben um dieselbe Zeit die berühmtesten Lehrer an der Sorbonne sich unbedingt für den Aquinaten erklärt: Siger von Brabant[3]), Peter v. Auvergne, Gottfried v. Fontaine[4]). Der letztere nennt in seinen um das Jahr 1286 publicirten Quaestiones quodlibetales die Doctrin des h. Thomas „utilior et laudabilior", als jede andere Doctrin, so daß man auf ihn das Wort Christi anwenden kann: „Vos estis sal terrae . . ." Würde man seine Doctrin aufgeben, so würden die Studirenden in den Doctrinen der anderen Doctoren wenig Geschmack finden — in doctrinis aliorum saporem modicum invenirent. Welch ein Ansehen muß nicht schon um diese Zeit der doctor angelicus besessen haben, wenn man solche Worte von ihm

---

1) Dialog. l. II. c. 22.

2) Diese Vorschrift war noch um das Ende des 16. Jahrhunderts in voller Geltung, wie Hauréau bemerkt.

3) Von ihm schreibt Hauréau (II. 200): Siger de Brabant formula la profession de foi de la Sorbonne. Cette profession de foi, c'est la doctrine thomiste sans aucun changement.

4) Cf. Werner, op. c. t. I. p. 860 ff.

schreiben kann? Wir vergessen hiebei nicht, daß zwanzig Jahre später Duns Scotus unter dem größten Zulaufe in Paris docirte. Aber der subtile Dialectiker hat auch zur Zeit seines größten Ruhmes das Ansehen des h. Thomas nicht erreicht. Seine kühne Dialectik hat ihm selbst von den Vorständen seines eigenen Ordens Tadel zugezogen und scheint der Grund gewesen zu sein, warum man ihn mitten in seinem Ruhme von Paris nach Köln versetzte. Die Angriffe des Scotus scheinen nur die Autorität des h. Thomas gefestigt zu haben, denn seine Lehre gewann von Tag zu Tag neue Anhänger, weßhalb Jourdain mit Recht schreibt, daß von dem ersten Viertel des 14. Jahrhunderts angefangen der Thomismus an den Universitäten keinen Gegner hatte, als höchstens einige kühne und neuerungssüchtige Geister, die auf keine Auctorität merkten und den doctor subtilis nicht minder bekämpften, als den doctor angelicus[1]).

Diese Bemerkungen dürften genügen, um darzuthun, wie unhistorisch jene zu Werke gehen, welche glauben machen wollen, daß die Doctrin des h. Thomas durch die erwähnten Censuren große Einbuße erlitten habe und in ihrer Reinheit nur von einigen wenigen im 13. und 14. Jahrhundert festgehalten worden sei.

Um die Bedeutung der Censuren zu erhöhen, verweisen unsere Gegner, wie bereits bemerkt, auf die vielen Bemühungen, welche die Generalcapitel der Dominicaner aufgewendet, um die Doctrin des heil. Thomas in ihren Ordensschulen aufrecht zu erhalten. Sie betonen ganz besonders die strengen Strafen, welche den Abfall von seiner Lehre ahndeten, und lassen durchblicken, daß die Doctrin des h. Thomas gewissermaßen mit Gewalt zur Ordensdoctrin gemacht wurde. Es ist richtig, daß die Capitel im Jahre 1278, 1279 und 1284 außerordentliche Anstrengungen für die Reinerhaltung der thomistischen Lehre machten. Sie schickten sogar zwei Abgesandte nach England, welche die abtrünnigen Ordensgenossen ausfindig machen und strenge bestrafen sollten. Aber der würde sehr irren, welcher glaubte, daß es sich bei diesen Bemühungen lediglich um die Einheit der substantialen Form im Menschen handelte. Es handelte sich zunächst um die Abwehr der gottlosen Lehren des Averroës und der arabischen Peripatetiker, die in die katholischen Schulen einzudringen suchten und allüberallhin verbreitet wurden. Diese Irrthümer wollte Kildwardby durch seine Censur vom Jahre 1277

---

1) Op. c. t. II. p. 151.

vorzüglich treffen¹). Aehnliche Bemühungen finden wir darum nicht blos bei den Dominicanern, sondern auch bei den Franziscanern. Das Generalcapitel, welches 1295 zu Assisi gehalten wurde, verbot sowohl den Lectoren, als den Studenten mit aller Strenge, sich von den traditionellen Lehren der Schule zu entfernen oder gar fremde, neue und verdächtige Lehren zu verbreiten und zu vertheidigen²). Wer die Gefahr kennt, welcher damals die katholischen Schulen insgesammt ausgesetzt waren, der wird in diesen strengen Verordnungen nichts Anderes finden, als eine weise Vorsicht und einen pflichtmäßigen Eifer für die Aufrechthaltung der wahren Wissenschaft gegenüber gottlosen Neuerungen. Daß die Dominicaner mit Gewalt der Lehre ihres Meisters unterworfen wurden, das kann wiederum nur der glauben, der die Selbstständigkeit und Freiheit der mittelalterlichen Denker nicht kennt. Der Grund für die Alleinherrschaft der thomistischen Lehre im Predigerorden liegt in der Heiligkeit des Lebens und in der Weisheit der Lehre des Engels der Schule, wie Jourdain mit Recht bemerkt.

Die Gegner des h. Thomas wärmen noch eine spätere Verurtheilung der Pariser Universität wieder auf, durch welche die thomistische Doctrin wenigstens indirect betroffen worden sein soll. Es ist dies die Censurirung von vierzehn Sätzen des Dominicaners Johannes von Montesono im Jahre 1387. Dieser suchte seine Sätze dadurch aufrecht zu erhalten, daß er erklärte, er folge in denselben nur der Doctrin des h. Thomas, welche vom h. Stuhle gebilligt worden sei. Die Universität erklärte zu wiederholten Malen, daß sie durch ihre Censur durchaus nicht die Doctrin des h. Thomas berühren wollte, sondern nur die irrigen Ansichten des Johannes Montesono im Auge gehabt hätte; sie selber folge der Lehre des Engels der Schule, so weit es Glaube und

---

1) Bekanntlich haben Wilh. v. Lamarre und Wilh. Warron und andere Oxforder Lehrer die thomistische Lehre besonders aus dem Grunde bekämpft, daß sie zum Averroismus führe, Grund genug für den energischen Bekämpfer des Averroës, um auch sie mit dem Anathem zu treffen.

2) Decretum est ad comprimenda ferocia et peregrina ingenia, ne quis adolescens quippiam a se excogitatum, sive notulas a se collectas sive quaestiones suo ingenio compositas audeat aliis extra sodalitium communicare, immo potius sequeretur doctrinam a suis magistris traditam, eorumque tereret vestigia. Lectoribus sive magistris serio cautum est, ne exoticas, novas aut suspectas opiniones aliis traderent vel ipsi defenderent. Du Boulay, Hist. Univ. Par. t. III. p. 511.

Vernunft gestatte. Da Montesono an den Papst appellirte, so sendete die Universität eine Deputation an den Papst Clemens VII. nach Avignon, an deren Spitze Peter d'Ailly stand. Letzterer hatte zu diesem Zwecke im Namen der Universität eine Denkschrift ausgearbeitet, in welcher er verschiedene Lehren des h. Thomas bekämpft und behauptet, daß die Doctrin desselben von Irrthümern und Widersprüchen nicht frei sei. Kurz, die Auslassungen des Peter d'Ailly gestalteten sich zu einem offenen Manifest gegen den Thomismus. Nach zweijährigen Verhandlungen bestätigte der päpstliche Stuhl die Verurtheilung des Montesono.

Es ist in der That unbegreiflich, wie man aus dieser Censurirung gegen den Thomismus Kapital schlagen will. Die Universität hat, wie schon bemerkt, ausdrücklich erklärt, daß sie damit nicht die Lehre des Aquinaten treffen wollte. Nos millies diximus, qualiter sancti Thomae doctrinam in dicta nostra condemnatione nequaquam reprobavimus. Die Denkschrift war wohl im Auftrage der Universität verfaßt, aber mit diesem Auftrage hat dieselbe keineswegs den Inhalt zu dem ihrigen gemacht. Nur wenige Lehrer theilten die Ansicht des d'Ailly. Die Bestätigung der Verurtheilung durch den Papst schließt selbstverständlich nicht die Anerkennung dessen ein, was Peter d'Ailly in seiner Schrift niedergelegt hatte. Daß letzterer in dieser Weise gegen den Engel der Schule auftrat, darf uns nicht Wunder nehmen, da er ein hervorragender Nominalist war, der sich besonders der skeptischen Richtung des Occam anschloß. Aber Wunder muß es uns nehmen, daß auch Werner[1] der Ansicht ist, daß durch die Bestätigung der Censur „der Sinn, in welchem d'Ailly die Approbation des thomistischen Systems auffaßte, im Allgemeinen und Wesentlichen durch den Papst selber bestätigt worden sei." Der Papst konnte durch seine Approbation doch nur das bestätigen, was verurtheilt war; verurtheilt war aber nicht der Thomismus, sondern irrige Auffassungen des Montesono. Unmöglich kann deßhalb aus dieser Approbation etwas gegen die thomistische Lehre gefolgert werden. Und dies um so weniger, als, wie Jourdain schreibt[2], Montesono mehr wegen seiner feindseligen Haltung gegen Clemens VII, als wegen seiner Sätze verurtheilt wurde.

Ehe wir dieses Kapitel schließen, können wir nicht umhin, unser Mißfallen auszudrücken, daß die heutigen Gegner des Thomas diese

---

[1] Op. c. I. p. 870.
[2] Op. c. II. p. 220.

verschiedenen Censuren der wohlverdienten Vergessenheit entrissen haben. Wir können nicht einsehen, was dadurch ihrer Lehre gedient sein soll. Auch wenn es sich mit diesen Verurtheilungen genau so verhielte, wie die Gegner meinen, so würde daraus für ihre atomistische Körper= und Seelenlehre nicht der mindeste Vortheil sich ergeben. Alle diese Censuren betreffen ja nicht die Lehre von Materie und Form als solcher, welche allgemein angenommen ist; sie betreffen in dieser Lehre nur eine unter= geordnete Frage, welche das System nicht berührt. Die Atomisten könn= ten mit einigem Rechte diese Censuren für sich in Anspruch nehmen, wenn dieselben etwa die Lehre verurtheilt hätten, daß in der Mischung die Elemente nicht mehr actuell, sondern nur virtuell vorhanden sind. Davon aber ist keine Rede. Diese sämmtlichen Verurtheilungen haben auch nicht im Entferntesten das atomistische Körpersystem approbiren wollen. Hätten solche Auffassungen von den leblosen und lebenden Körpern, wie sie unsere Gegner vortragen, damals in den katholischen Schulen geherrscht, dann wären sie viel sicherer unter den Artikeln des Tempier oder Kildwardby zu finden, als die Lehre des h. Thomas von der Einheit der substantialen Form.

Sechstes Kapitel.
Das Verhältniß der thomistischen und scotistischen Lehre zum Atomismus.

Das Ansehen des Engels der Schule ist in unseren Tagen bereits so hoch gestiegen, daß die katholischen Gelehrten nur höchst ungern von seiner Doctrin abweichen. Aus dieser Thatsache erklärt sich das Be= mühen, die eigene Doctrin mit der des heil. Thomas in Einklang zu bringen. Man sollte meinen, daß sich nichts so sehr gegenüberstände, als der Atomismus unserer Tage und die Körperlehre des Aquinaten. Und doch fehlt es nicht an Versuchen, welche so disparate Lehren in volle Harmonie bringen zu können glauben.

Den ersten Versuch dieser Art machte der berühmte französische Physiologe Frédault[1]). Derselbe glaubt, daß man nur dadurch der Physiologie und Anthropologie wieder aufhelfen könne, wenn man zur Lehre des Plato, Aristoteles und der Scholastiker zurückkehre, nämlich zur Lehre von Materie und Form. Diese Lehre allein ist ihm im vollen

---

[1]) In seinem Werke: Physiologie général. Paris 1863. Und noch mehr in seinem neuesten Werke: Forme et Matière. Paris 1876.

Einklange mit den Thatsachen der Naturwissenschaft und bietet deßhalb allein eine feste Schranke gegen den Alles überfluthenden Materialismus. Frédault faßt diese Lehre in die Worte zusammen: „Unter ihr versteht man, daß jedes für sich bestehende Wesen dieser Körperwelt aus zwei Principien zusammengesetzt ist, aus einem materiellen, nämlich der materia prima sive nuda, welche aus sich kein Sein besitzt, sondern nur die Möglichkeit zum Sein, und aus einem andern einfachen Princip, der Form, welches die Thätigkeit besitzt, aber nur in der Verbindung mit der Materie thätig sein kann¹).

Diese Lehre führt Frédault des Weiteren durch alle Genera der Körper durch. Alle Körper bestehen aus diesen zwei Wesenstheilen: die Atome, die chemischen Elemente, die Minerale, die Pflanzen, die Thiere und der Mensch. Die Verschiedenheit der Körper leitet er von der Verschiedenheit der Form her. Ganz besonders betont er, daß im Menschen außer der vernünftigen Seele kein anderes formales Princip vorhanden ist. Die Seele vereinigt sich als substantiale Form ihrer Natur und Wesenheit nach unmittelbar mit dem Körper. Die Seele ist auch das Princip und die Ursache für Alles, was im Menschen geschieht.

Das Alles liest und hört sich sehr gut, weil es das volle Einverständniß mit dem Aquinaten zu verrathen scheint. Dem ist aber nicht so. Sobald Frédault die Frage über das Verbleiben der Atome und Elemente in den gemischten Körpern beantwortet, zeigt sich der Gegensatz. Während nach dem h. Thomas die Elemente in den gemischten Körpern nur virtuell vorhanden sind, läßt Frédault dieselben actuell im Compositum existiren. Nach ihm vereinigt sich die Form der Mischung oder eine andere höhere Form, wie z. B. die Form des Menschen, nicht mit der materia nuda, sondern mit den Elementen, die bereits eine active Form haben und dieselbe im Compositum behalten. Die Elemente

---

1) Par là on entendait, que tout être, et même toute chose de ce monde existant par soi, non par accident, est composé de deux principes: l'un matériel, sorte de matière première ou nue, qui n'est rien par soi, et n'a que la possibilité de devenir quelque chose; l'autre simple puissance, qui possède l'activité et par cela même la forme, mais qui ne peut agir que dans son union avec la matière. Ib. p. 125. Doch gibt Frédault diese Lehre in seiner zweiten Schrift auf. In dieser theilt er der Materie ein wirkliches und bestimmtes Sein zu, ähnlich dem Sein, das der Stoff oder das Material der Kunstwerke besitzt. Er entfernt sich in diesem neuen Werke überhaupt viel weiter von dem h. Thomas, als in dem ersten.

mit ihren substantiellen Formen und ihrer entsprechenden Thätigkeit sind nur der höheren Form subordinirt und von ihr beherrscht und zu neuen höheren Wirkungen erhoben[1]). Da nun gerade in der Lehre über das Vorhandensein der Elemente in den zusammengesetzten Körpern die scholastische Lehre gipfelt, so ist eine Abweichung hierin so viel, als ein Aufgeben der peripatetischen Lehre. Um diesen Preis ist eine Versöhnung mit dem h. Thomas nicht möglich.

Frédault glaubt allerdings, daß er durch seine Annahme von actuellen Elementen in dem Compositum der substantiellen Einheit der Körper nicht zu nahe trete. Letztere will er entschieden aufrecht erhalten wissen, ganz besonders im Menschen. Aber der berühmte Physiologe mag in den entschiedensten Ausdrücken das einzige Sein des Menschen und der übrigen Körper betonen, thatsächlich zerstört er es doch. Denn die Einheit des Seins ist nur dort vorhanden, wo nur ein einziges seingebendes Princip ist. Haben die Elemente im Compositum durch ihre eigene Form das Sein, dann kann ihnen die hinzukommende Form nicht mehr das erste oder substantiale Sein geben, sondern sie kann zu dem Sein der Elemente nur noch ein zweites, accidentelles Sein hinzufügen. Mit der Einheit der Substanz ist es dahin; das Compositum ist ein Aggregat von so vielen Substanzen, als Atome oder Elemente in demselben sich verbunden haben. Damit ist dann aber auch die thomistische Lehre und überhaupt die scholastische Körperlehre auf die Seite geschoben.

Zu dieser wesentlichen Aenderung der scholastischen Lehre bestimmte Frédault außer anderen Gründen ganz besonders die Thatsache, daß die Elemente im gemischten Körper theilweise ihre Eigenschaften behalten, wie z. B. ihre Schwere, und bei der Decomposition unversehrt wieder zu Tage treten. Wir haben diese Punkte bereits ausführlich in unserer Schrift über Materie und Form behandelt[2]) und fügen deßhalb nur einige kurze Bemerkungen zur Widerlegung an.

Frédault muß als Chemiker und Physiologe selber zugestehen, daß die Elemente, wenn sie in die Verbindung eingehen, aufhören müssen, das zu sein, was sie sind, und etwas werden müssen, was sie nicht sind — ils doivent cesser d'être ce qu'ils sont, et devenir quelque chose, qu'ils ne sont pas[3]). Wenn nun die Elemente aufhören, das zu sein, was sie sind, d. h. wenn sie aufhören, Sauer-

---

1) Ibid. p. 208.
2) 2. Aufl. p. 143—156.
3) Physiol. p. 130.

stoff und Kohlenstoff u. s. w. zu sein, und wenn sie das Sein der Mischung oder eines lebenden Körpers annehmen, d. h. Fleisch und Blut u. s. w. werden, so muß man doch daraus schließen, daß sie ihr früheres Formalprincip verlieren und durch die substantiale Form des Compositums zu einem neuen Sein bestimmt werden. Ebenso lehrt Frédault, daß die Eigenschaften der Elemente im lebenden Körper zwar nicht zerstört, aber transformirt und sublimirt sind[1]). Aber wenn man aus dieser Thatsache etwas folgern will, so kann man nur das folgern, daß auch die Elemente nicht mehr in der früheren Weise vorhanden sind, da ihre Qualitäten transformirt worden sind. Um so mehr muß man das folgern, als im gemischten Körper ganz andere, ja oft entgegengesetzte Qualitäten auftreten, als wir in den Elementen finden. Die Thatsachen der Chemie und Physiologie stehen somit mit der alten Lehre nicht im Widerspruch und zwingen keineswegs, von ihr abzuweichen.

Noch leichter, als Frédault, glaubt P. Ramière S. J. die moderne Naturwissenschaft mit Aristoteles und dem h. Thomas aussöhnen zu können. Man müsse nur zwischen dem Aquinaten und seinen Schülern alter und neuester Zeit unterscheiden. Die Thomisten und ganz besonders die Thomisten unserer Tage haben die Lehre ihres Meisters vielfach nicht verstanden und haben sie vielfach alterirt. Mit der Lehre dieser Thomisten ist wohl keine Versöhnung möglich; recht wohl aber mit der Doctrin des h. Thomas. Diesen Einklang will die Schrift des P. Ramière nachweisen: L'accord de la Philosophie de St. Thomas et de la science moderne au sujet de la composition des corps[2]).

Ramière erkennt ganz richtig, daß der Schwerpunkt der Versöhnung in der Frage liegt, wie die Elemente in der Mischung existiren. Die Chemie läßt sie ihrem Wesen nach unverändert fortdauern, nur ihre Thätigkeit wird durch die Aufnahme in die chemische Verbindung eine andere. Ramière glaubt nun, daß Aristoteles und Thomas ebenso lehren. Zu diesem Zwecke bringt er Stellen aus Aristoteles, an denen der Stagirite unzweifelhaft darthun soll, daß die Elemente im mixtum actuell vorhanden sind. Auch in manchen Stellen des h. Thomas will der Verfasser dieselbe Ansicht ausgesprochen finden, wenigstens sollen sie sich leicht in diesem Sinne erklären lassen. Allerdings gibt Ramière zu,

---

1) Leurs propriétés ne sont pas détruites; elles sont transformées et comme sublimées au contact de l'âme, puissance supérieure, qui leur communique quelque chose de sa nature. p. 169.

2) Paris 1877.

daß der englische Lehrer an anderen Orten das Gegentheil zu lehren scheine, da er an denselben die actuelle Fortexistenz leugnet und nur eine virtuelle zugesteht. Da aber ein so scharfsinniger Lehrer mit sich selbst nicht in Widerspruch gerathen kann, so kann diese virtuelle Existenz nur so erklärt werden, daß sie mit der Lehre des Aristoteles und mit den anderen Stellen des h. Thomas übereinstimmt. Erklärt man die virtuelle Existenz auf diese Weise, dann harmonirt mit der thomistischen Doctrin die heutige Naturwissenschaft vollkommen, denn auch die letztere läßt die Elemente bei ihrer Aufnahme in die Mischung verändert werden, auch sie kann eine virtuelle Existenz der Elemente unterschreiben.

Wie nun denkt sich Ramière das virtuelle Verbleiben der Elemente im Compositum? Nach ihm sind die Elemente deßhalb nicht mehr actuell in der Mischung, weil sie nicht mehr getrennt für sich existiren in ihren eigenen Grenzen und deßhalb nicht mehr ihre eigene Bestimmung haben, sondern Theile eines Ganzen geworden sind. Und weil die Formen der Elemente in der Mischung nicht mehr das leisten, was sie vor der Mischung in den Elementen bewirkten, deßhalb kann man auch sagen, die Formen der Elemente sind nicht mehr actuell vorhanden[1]). Damit will aber Ramière durchaus nicht gesagt haben, daß die substantiellen Formen der Elemente in den zusammengesetzten Körpern destruirt sind. Im Gegentheil, die Formen der Elemente haben im Compositum eine reelle Existenz — une existence réelle[2]); die Existenz ist nur in der angegebenen Weise beschränkt. Diese Lehre soll sich beim englischen Lehrer evident finden, ganz besonders in seinem Opuskel de principiis naturae. In dieser Auffassung ist die virtuelle Existenz der Elemente in der Mischung etwas ganz Vernünftiges und für Jedermann annehmbar. Faßt man sie hingegen so auf, wie es die Thomisten thun, d. h. läßt man die Elemente ihre substantiale Form in der Verbindung verlieren, dann wird die virtuelle Existenz nicht blos unvernünftig und unannehmbar, sondern sie verstößt zugleich gegen die allgemein anerkannten Principien der scholastischen Philosophie.

---

1) Ils y sont selon toute leur vertu, bien que leur union empêche que chacun d'eux subsiste dans ses propres limites et par conséquent ait sa détermination, sa forme propre. p. 66.

2) Ce texte de saint Thomas (de coelo, l. III. lect. 8) prouve évidemment que, pour lui comme pour Aristote, l'existence virtuelle ou potentielle des éléments dans les composés est une existence réelle; et que par conséquent la forme substantielle des éléments n'a nullement été détruite dans la composition. p. 63.

Dem Nichtkenner der thomistischen Doctrin mag eine solche Sprache aus solchem Munde imponiren; der Kenner muß über die Kühnheit staunen, mit der ein so gelehrter Mann dem h. Thomas Lehren abspricht, welche sonnenklar in seinen Schriften ausgesprochen sind und welche alle seine Commentatoren unzweifelhaft in denselben gefunden haben. Zum Beweise hiefür verweisen wir auf einen einzigen Artikel seiner Summa[1]), in welchem er sich die Frage stellt: Utrum in homine sit alia forma praeter animam intellectivam. Er macht sich dort denselben Einwurf, den Ramière gegen die Thomisten vorbringt, daß nämlich die Annahme einer einzigen Form im Compositum den Unterschied zwischen mixtio und generatio vernichte. Der Einwurf lautet: Corpus humanum est corpus mixtum. Mixtio autem non fit secundum materiam tantum, quia tunc esset corruptio sola. Oportet ergo quod remaneant formae elementorum in corpore mixto, quae sunt formae substantiales: ergo in corpore humano sunt aliae formae substantiales praeter animam intellectivam. Der heilige Lehrer antwortet darauf: Dicendum quod Avicenna posuit, formas substantiales elementorum integras remanere in mixto, mixtionem autem fieri secundum quod contrariae qualitates elementorum reducuntur ad medium. Sed hoc est impossibile: quia diversae formae elementorum non possunt esse nisi in diversis partibus materiae, ad quarum diversitatem oportet intelligi dimensiones, sine quibus materia divisibilis esse non potest. Materia autem dimensioni subjecta non invenitur nisi in corpore; diversa autem corpora non possunt esse in eodem loco. Unde sequitur quod elementa sint in mixto distincta secundum situm, et ita non erit vera mixtio, quae est secundum totum, sed mixtio ad sensum, quae est secundum minima juxta se posita.

Klarer kann man wohl nicht aussprechen, daß in der Mischung die substantiellen Formen der Elemente nicht mehr actuell vorhanden sind. Die Anhänger der heutigen Atomenlehre lassen, ähnlich wie Avicenna, die Elemente unversehrt im Compositum sein. Indem der heilige Lehrer dem Avicenna nachweist, daß dies unmöglich ist, hat er auch die Unversöhnlichkeit seiner Lehre mit dem jetzigen Atomismus und Chemismus dargethan.

---

1) S. th. I. q. 76. a. 4.

Vielleicht hält sich Ramière dadurch vor dem Beweise des h. Thomas gesichert, daß er seine Lehre als nicht identisch mit der des Avicenna erklärt. Während Avicenna die Formen der Elemente unversehrt in den gemischten Körpern vorhanden sein läßt, lasse er dieselben Formen verändert vorhanden sein, da sie nicht mehr ihre volle Activität oder ihren Act entfalten können, so daß man sagen kann, sie hören auf zu existiren. Aber auch auf diesen Einwurf hat der Aquinate schon vor sechshundert Jahren die Antwort gegeben, indem er den Averroës widerlegte, der die Formen der Elemente ob ihrer Unvollkommenheit gemindert in der Mischung existiren läßt, so daß aus diesen geminderten Formen eine einzige entsteht. Der englische Lehrer hält dies für noch weniger möglich; er sagt: Hoc est etiam magis impossibile, nam esse substantiale cujuslibet rei in indivisibili consistit, et omnis additio et subtractio variat speciem, sicut in numeris, ut dicitur in VIII. Metaph. text. 10. Unde impossibile est, quod forma substantialis quaecunque recipiat magis et minus. Nec minus est impossibile aliquid esse medium inter substantiam et accidens [1]).

Dieser einzige Text, den wir um hunderte vermehren könnten, beweist sonnenklar, wie schon bemerkt, daß Ramière den englischen Lehrer falsch aufgefaßt hat. Aber wie ist bei solcher Klarheit der Doctrin eine solche Auffassung möglich? Sie erklärt sich aus der mangelhaften Kenntniß der scholastischen Terminologie. Ramière ist von der Wahrheit der modernen Naturwissenschaft überzeugt und sucht die Gedanken derselben, oder wenigstens ähnliche, bei den Peripatetikern zu finden. Statt den Aristoteles und Thomas aus sich selber zu erklären, trägt er die Ideen der modernen Chemie in dieselben hinein und liest sie dann wieder heraus. Deßhalb wimmelt seine Schrift von irrigen Auffassungen, ungenauen Ausdrücken und Mißverständnissen aller Art. Wir führen zum Beweise dessen das einzige Beispiel an, daß Ramière die materia prima des h. Thomas mit den Elementen zu identificiren unternimmt.

Bei einer solchen Behandlung der aristotelischen und thomistischen Texte wird es nimmer auffallen, daß Ramière trotz des wirklichen Verbleibens der Atome im Compositum die vom englischen Lehrer so entschieden geforderte substantiale Einheit der Körper sehr leicht festzuhalten vermag. Aber wie ist es möglich, daß z. B. der Mensch eine

---

1) Ibid.

einzige Substanz bildet, wenn in ihm die Atome mit ihren substantialen Formen vorhanden sind und zugleich die Seele als weiteres substantiales und informirendes Princip hinzukommt? Dies ist dadurch möglich, antwortet Ramière, daß die Elemente, die zuvor selbstständig existirten, jetzt Theile eines Ganzen geworden sind, dem die Seele ihre specifische Bestimmung verleiht. Das Sein der Elemente ist nicht zerstört, ebenso wenig ihre Thätigkeit; es ist nur durch eine neue Form beherrscht und hat eine neue formelle Existenz erlangt. Die Seele zerstört nicht die Verschiedenheit der Elemente, sondern einigt sie; sie unterdrückt nicht vollständig ihre gegenseitige Opposition, sondern mäßigt sie und bringt sie in Harmonie. So gibt es fürwahr im Menschen in Wirklichkeit nur Eine substantielle Form, nämlich die vernünftige Seele, weil dieselbe allein dem ganzen menschlichen Sein die substantielle Bestimmung gibt und allein die Verschiedenheit der Elemente in Einheit bringt¹).

Das alles klingt sehr schön, aber wer vermag eine solche substantiale Einheit zu begreifen? Unter forma substantialis versteht der h. Thomas und mit ihm die ganze peripatetische Schule jenes Princip, welches das erste Sein, esse simpliciter, verleiht, während die accidentelle Form zum ersten Sein oder zur Substanz ein esse secundarium hinzufügt. Wie nun soll die Seele eine solche substantiale Form sein können, wenn die Elemente das Sein schon haben? Wem sollte die Seele das erste oder substantiale Sein geben? Doch wohl nicht den Elementen, denn diese sind bereits Substanzen. Ebenso wenig der Materie der Elemente, denn das hieße die Absurdität behaupten, daß numerisch dieselbe Materie einen doppelten Act und folglich ein doppeltes substantiales Sein besitzt. Das wäre so viel, als wenn man sagen würde: diese Figur ist zugleich ein Dreieck und ein Viereck. Oder sollten etwa die Formen der Elemente durch die Seele noch weiter formirt werden? Aber soeben haben wir den englischen Lehrer gegen Averroës beweisen gehört, daß die Formen keiner Steigerung und Verminderung und keiner Zusammensetzung fähig sind. Es ist überhaupt schon ein Monstrum für die peripatetische Philosophie, zu sagen: die Form informirt die Form. Es bleibt deßhalb nichts Anderes übrig, als die Alternative: Entweder ist die Seele substantiale Form, und dann kann außer ihr keine andere Form vorhanden sein, oder die Seele kommt zu den in ihrem Sein durch eine eigene Form bestimmten Elementen als

---

1) Op. c. p. 92.

weitere Bestimmung hinzu und dann gibt sie den Elementen keine substantiale Bestimmung, sondern nur eine accidentelle. In diesem letzteren Falle ist die daraus resultirende Einheit selbstverständlich keine substantiale, sondern eine accidentelle. Unius rei est unum esse substantiale. Sed forma substantialis dat esse substantiale. Ergo unius rei est una tantum forma substantialis. Anima autem est forma substantialis hominis. Ergo impossibile est, quod in homine sit aliqua alia forma substantialis quam anima intellectiva[1]).

Ramière meint, daß seine Auffassung der Substanzeinheit im vollen Einklange mit der peripatetischen Doctrin sei, und daß sie nicht blos alle Schwierigkeiten leicht löse, welche für die strengen Thomisten geradezu unlöslich sind, sondern auch das Mittel biete, um die moderne Wissenschaft mit der Scholastik zu versöhnen[2]).

Ueber die Harmonie seiner Lehre mit der des heil. Thomas verlieren wir kein Wort mehr, denn wir haben genügend gezeigt, daß die unzweifelhafte Lehre des englischen Lehrers eine ganz andere ist. Auch darauf lassen wir uns nicht ein, ob Ramière's Auffassung die Schwierigkeiten leichter zu lösen im Stande ist. Das können wir ihm zugeben, daß seine Interpretation den Anhängern des chemischen Atomismus acceptabel sein dürfte; denn Ramière hat die alte Lehre in der Art interpretirt, daß er ihr die moderne Anschauung vom

---

1) S. th. I. q. 76. a. 4. An derselben Stelle heißt es weiter: Forma substantialis dat esse simpliciter et ideo per ejus adventum dicitur aliquid simpliciter generari et per ejus recessum simpliciter corrumpi. Et propter hoc antiqui naturales, qui posuerunt materiam primam esse aliquod ens actu, puta ignem aut aerem aut aliquid hujusmodi, dixerunt quod nihil generatur aut corrumpitur simpliciter, sed omne fieri statuerunt alterari. Si igitur ita esset quod praeter animam intellectivam praeexisteret quaecunque alia forma substantialis in materia, per quam subjectum animae esset ens actu, sequeretur quod anima non daret esse simpliciter, et per consequens quod non esset forma substantialis; quod per adventum animae non esset generatio simpliciter neque per ejus recessum corruptio simpliciter, sed solum secundum quid: quae sunt manifeste falsa. — Angesichts dieser und anderer bereits früher angeführten Stellen muß es sehr auffallen, wenn Palmieri noch zweifelt, ob in der That der englische Lehrer im Menschen nur Eine Form anerkennt. Er glaubt, daß man zu einer solchen Annahme keinen sicheren Grund habe. T. II. p. 390.

2) Op. c. p. 92.

Wesen des Körpers unterschoben hat. Das ist aber keine Interpretation, sondern eine Corruption, ja es ist geradezu eine Verleugnung der Lehre des Engels der Schule.

Während Ramière, Bottalla und einige andere ihre Körperlehre in vollen Einklang mit der des h. Thomas setzen zu können glauben, geht die größere Zahl derjenigen christlichen Atomistiker, welche im Geiste der Scholastik die Wissenschaft betreiben wollen, den entgegengesetzten Weg. Sie halten die thomistische Lehre für unversöhnlich mit der modernen Naturwissenschaft. Sie finden in derselben sogar Keime und Anklänge an den Materialismus und Pantheismus[1]). Dagegen glauben sie, daß die scholastische Körperlehre, wie sie sich bei Scotus und denjenigen, die ihm hierin folgten, findet, recht wohl mit der ihrigen verträglich sei. Hieher gehören Dmowski, Romano, Tongiorgi, Palmieri, Bottalla und andere. Auch Frébault und Ramière müssen hieher gerechnet werden, da sie bei dem doctor subtilis noch mehr, als bei dem englischen Lehrer ihre Gedanken wieder zu finden wähnen. Dies gilt ganz besonders von Frébault, der, wie schon bemerkt, in seiner neuesten Schrift sich wieder mehr von der thomistischen Doctrin entfernt.

Da jedoch die aufgeführten Autoren bezüglich der Auffassung des Wesens der leblosen und lebenden Körper selber nicht einig sind, so identificiren sie ihre Lehre mit der scotistischen bald mehr und bald weniger; der eine in dieser Beziehung, der andere in einer anderen. Frébault z. B. ist der Ansicht, daß Scotus nicht blos in seiner Doctrin über das Wesen der lebenden Körper und des Menschen, sondern auch in seiner Lehre von der materia prima mit ihm übereinstimme. Dagegen will Palmieri und Bottalla dem Scotus nur in der Frage über die Zusammensetzung des menschlichen Körpers folgen.

Die beiden Lehren aus dem scotistischen System, welche bei den Atomisten besondere Verwerthung finden, bilden die Auffassung der materia prima und die Lehre von der forma corporeitatis. Während die Thomisten die Materie als pure Möglichkeit fassen, ist nach Scotus die Materie eine Realität, welche ihr eigenes Sein und ihr eigenes Princip besitzt. Scotus bestimmt den Stoff ähnlich, wie es die

---

1) Namentlich scheut sich Frébault nicht, in seiner neuesten Schrift der thomistischen Lehre von der materia prima Manichäismus, Pantheismus und Materialismus vorzuwerfen. C'est du vrai, du pur panthéismo matérialisme. p. 86.

moderne Wissenschaft thut. Und weil der scharfsinnige Lehrer in den lebenden Wesen mehrere substantiale Formen anerkennt, in Folge deren sich das Lebensprincip nicht unmittelbar mit der materia prima, sondern mit einem schon constituirten Körper verbindet, steht er der modernen Chemie und Physiologie, welche die Elemente in den zusammengesetzten Körpern unverändert fortdauern lassen, sehr nahe; ja sein Gedanke ist dem modernen identisch. So die Anhänger des Atomismus.

Wir leugnen nicht, daß die beiden und noch andere Lehren des Scotus bei dem in der alten Schule minder Bewanderten den Schein erzeugen können, als ob sie mit den Grundlehren des chemischen Atomismus unserer Tage sehr verwandt wären. Wer aber weiß, was Scotus und mit ihm die anderen großen Lehrer unter actus entitativus materiae, unter forma corporeitatis, forma completa und incompleta, unitas substantialis u. dgl. verstanden haben, der wird gestehen müssen, daß der Atomismus von der scotistischen Lehre ebenso weit entfernt ist, als von der thomistischen. Obwohl sich der Beweis hiefür schon aus dem ergibt, was wir im dritten Kapitel über das Verhältniß der scotistischen Körperlehre zu der des h. Thomas erörtert haben, so wollen wir doch im Folgenden noch speciell beweisen, daß die moderne Atomenlehre in der alten Schule auch nicht den mindesten Anhaltspunkt besitzt. Zuvor wollen wir im Allgemeinen angeben, wie sich der doctor subtilis und seine Schüler zum Atomismus verhalten.

Ramière und die aufgeführten Atomisten lassen nicht selten durchblicken, daß Alexander von Hales, Albertus M., Scotus, Suarez und alle jene, welche von der thomistischen Körperlehre abweichen, die Vertreter der modernen Körperlehre im Mittelalter gewesen seien. Nichts ist unwahrer, als diese Annahme. Bei keinem der genannten großen Lehrer finden wir ein freundliches Wort für die atomistische Körperlehre, alle verurtheilen insgesammt den Atomismus in den schärfsten Ausdrücken. Bekanntlich bekämpft Aristoteles in seiner Physik und an vielen anderen Stellen seiner Werke den Atomismus eines Demokrit auf das heftigste. Die mittelalterlichen Peripatetiker sind ihm in diesem Kampfe gefolgt, wiewohl der Atomismus zu ihrer Zeit so viel wie keine Vertreter hatte. Und nicht blos deßwegen haben sie den Atomismus eines Demokrit bekämpft, weil derselbe zum Materialismus führt, sondern sie haben ihn vornehmlich deßwegen bekämpft, weil er das Wesen der Körperwelt ganz falsch auffaßt. Um in dieser an sich klaren Frage nicht lange zu werden, lassen wir von den aufgeführten

Lehrern nur zwei zum Worte kommen — Albertus Magnus und Suarez.

Der doctor universalis leitet den zweiten Tractat zu seinem Commentar de coelo et mundo mit sehr schönen Gedanken über die Tragweite der Principien ein. Wenn man über das körperliche Universum richtig denken wolle, müsse man vor Allem die Principien kennen, aus welchen die Körper sich zusammensetzen. Ein kleiner Irrthum hierin ziehe die größten Irrthümer nach sich. Dann führt er als Beispiel hiefür Demokrit an mit den Worten: Et hujus est exemplum in positione Democriti, qui dixit principia naturae esse corpora atoma minima. Habet enim plurimas rationes, quod sit aliquod corpus minimum: sed si est, absque dubio id erit principium compositionis corporum omnium majorum. Cum ergo Democritus intromisit minimum aliquod esse corpus in opinione sua circa principia, tunc congregavit ea, quae sequuntur ex illo, quae altera sunt a veritate, et ratiocinatus multa magna inconvenientia est, sicut quod divisio corporum stat in minimo, et quod generatio sit aggregatio minimorum, et quod generatio et alteratio idem sint, et alia hujusmodi multa, quae sequuntur ex hoc, quod parum erraverunt in principio . . .[1]).

Wie die mittelalterliche Scholastik, so bekämpft auch die neuere mit gleicher Entschiedenheit die atomistische Körperlehre. Suarez, ihr Hauptvertreter, führt in der schon oft citirten disputatio (sect. 2) zwei Arten der Atomenlehre an. Die erste ist die des Leucipp, Demokrit, Epikur und Metrodorus, welche die Körper aus untheilbaren Körperchen oder Atomen bestehen lassen, deren Zahl sie jedoch als unendlich annehmen. Diese Atome sind alle von gleicher Wesenheit und nur der Figur, Lage und Ordnung nach verschieden. Alles Entstehen und Vergehen liegt in der neuen Composition der Atome. Wer erkennt nicht in dieser antiken Atomistik die Grundzüge der modernen Atomenlehre eines Tyndall, Huxley, Häckel, Moleschott und ihrer zahllosen Nachbeter? Sie selber rühmen sich, den Demokrit zum Stammvater ihrer Lehre zu haben.

Als eine andere Gestaltung der Atomenlehre führt der doctor eximius die Lehre des Anaxagoras an. Suarez stellt die Ansicht desselben in folgenden Worten dar: Anaxagoras posuit atomos partim similes, partim dissimiles, ut ex similibus res homogenae fie-

---

[1]) L. I, tr. II. c. 1.

rent, ex dissimilibus vero res dissimiles, ut in corpore organico partes heterogeneae v. gr. caro ex atomis carneis, os vero ex osseis, et sic de aliis. Rursus videntur quidam eorum posuisse has atomos omnino indivisibiles; et ideo ut possent corpus componere, ajebant non solum ex ipsis, sed etiam ex aliquo vacuo seu inani corpus coalescere. Während die Lehre des Demokrit unserm heutigen physikalischen Atomismus zu Grunde liegt, entspricht die Körperlehre des Anaxagoras mehr dem jetzigen chemischen Atomismus, der ebenfalls die Atome von verschiedener Natur sein läßt und aus der Verschiedenheit der Atome die Verschiedenheit der Körper herleitet.

Suarez stimmt weder der einen noch der anderen Auffassung der Atome bei; er verwirft beide. Er macht vor Allem dagegen geltend, daß diese Naturphilosophen die wahre Materialursache der Dinge nicht erkannt haben, denn diese sei etwas rein Potentielles, welches die Wirklichkeit oder die Form aufnimmt, was man von den Atomen nicht sagen kann, denn diese sind nicht in Potenz zur Aufnahme einer Form und können nur im uneigentlichen Sinne Materie des Compositums genannt werden[1]). Aus diesem Grundfehler folgt dann der weitere, daß es nach dieser Lehre kein Entstehen und Vergehen von Substanzen gibt, sondern lediglich eine verschiedene coordinatio und deordinatio der Atome. Dieser Folgerung kann auch Anaxagoras nicht entgehen, obwohl er die Atome von verschiedener Qualität sein läßt, denn auch bei ihm läuft jede generatio darauf hinaus, daß die Atome eine andere Lage und Verbindungsweise erhalten. Suarez führt noch weitere Gründe gegen die Atomistik an; er weist nach, daß sie nicht blos der Vernunft widerspreche, sondern auch durch die Erfahrung keine Bestätigung finde und viele Absurditäten in sich enthalte. Er schließt seine

---

1) Hi philosophi imprimis non cognoverunt veram materialem causam, quae sit potentia physice receptiva alicujus actus: nam illae atomi non sunt in potentia ad recipiendam aliquam formam physicam, nec possunt dici materia totius compositi, nisi eo modo, quo partes integrales dicuntur materia totius, et lapides ac ligna materia domus. Unde ulterius fit, ut formae naturalium entium juxta illum philosophandi modum quasi artificiales tantum sint, nimirum figurae quaedam consurgentes ex vario situ et ordine atomorum. Atque ita nulla erit vera substantialis generatio et corruptio, sed tantum varia coordinatio aut deordinatio atomorum.

Widerlegung mit den Worten: Est ergo haec sententia prorsus absurda neque habet fundamentum, cui satisfacere necesse sit.

Da nun die antike Atomistik von der modernen nicht wesentlich verschieden ist, so läßt sich daraus sattsam entnehmen, wie sich die genannten Lehrer zum heutigen Atomismus verhalten. Sie würden sich höflichst für die Ehre bedanken, zu den Anhängern des Atomismus gezählt zu werden. Man kann darauf wohl sagen: aus dieser Feindseligkeit der Scholastiker gegen den Atomismus folgt noch nicht, daß auch ihre Lehre keinen Anhaltspunkt für denselben bietet. Man hat sich schon oft vor einer Lehre entschieden gewahrt und war gleichwohl davon angesteckt. Daß auch diese Ausflucht nichtig ist, soll ein specieller Vergleich der scotistischen und der ihr verwandten Körperlehre mit dem Atomismus nachweisen.

Wie wir schon einmal bemerkt haben, kommt es bei einem Vergleiche der verschiedenen Körperlehren vor Allem darauf an, wie die Materie oder der körperliche Stoff definirt wird. Es ist allerdings richtig, daß die verschiedenen Systeme eine erste Materie oder einen Urstoff annehmen. Sowohl die antiken, als modernen Philosophen und nicht weniger die Naturforscher legen den Gebilden und Wandlungen der Natur ein allgemeines Subject zu Grunde, das sie Materie oder Stoff nennen. Und weil diese Materie nicht wieder eine andere Materie zur Voraussetzung haben kann, so kann man sie mit Recht erste Materie nennen. Auch darin stimmen die Philosophen und Naturforscher der alten und neuen Zeit überein, daß man es nicht auf dem Wege der Erfahrung herausbringen kann, was diese Materie sei. Noch kein Naturforscher hat die Atome mit der Luppe geschaut, wie auch noch kein Philosoph die materia prima auf dem Wege des Experimentes nachgewiesen hat. Aber diese Einigkeit hört sofort auf, wenn es gilt, die Materie zu definiren. Die gegenwärtige Philosophie, so weit sie nicht scholastisch ist, und die heutige Naturwissenschaft hält diese Materie oder die Grundlage der Körperwelt für eine Summe von kleinsten Körperchen oder Atomen. Sie faßt wohl das Atom sehr verschieden auf, bald als einfach, bald als zusammengesetzt, bald als ausgedehnt, bald als untheilbar, aber darin kommen alle Vertreter der modernen Wissenschaft überein, daß diese Atome ein Sein für sich besitzen. Sie können wohl nicht einzeln und separat existiren, sondern nur in Verbindung mit anderen, aber sie haben unabhängig von den anderen Atomen ihr eigenes Sein; sie sind Substanzen. Frédault zeigt sich zwar als einen heftigen Gegner des Atomismus; er erwartet von der Restauration der scholastischen Lehre von der substantialen Form das Heil für die Naturwissenschaft. Aber auch er gibt seiner Materie ein eigenes Sein, wodurch sie für sich subsistirt. Die substantiale Form gibt ihr nicht das Sein, sondern modificirt nur das vorhandene Sein. Die materia prima hat aus sich das generische Sein, sie ist eine körperliche Substanz, die Form gibt ihr nur das specifische und bestimmte Sein. Man darf aber daraus nicht folgern, daß die Materie etwas Zusammengesetztes sei, sie ist etwas Einfaches. Diese Einfachheit hindert nicht, daß die Materie ein eigenes Sein hat, ebenso wenig, als die Einfachheit in der geistigen Substanz ein Hinderniß ist, daß dieselbe ein Sein für sich besitzt[1]).

Frédault und andere sind der Ueberzeugung, daß der scharfsinnige Lehrer der Franziscanerschule einer solchen Auffassung der materia prima beipflichte. Wir glauben aber, daß sich Frédault und die anderen mit ihm täuschen. Der doctor subtilis legt allerdings der materia prima unabhängig von der Form ein Sein und eine Wirklichkeit bei, aber durch diesen actus entitativus, welcher der Materie zukommt, will er die Materie nur von der potentia objectiva oder dem bloßen Möglichen unterscheiden. Er will damit nur ausdrücken, daß die Materie nicht etwas rein Gedankenhaftes (potentia pura), sondern etwas Reales und Physisches sei; keineswegs aber will er sagen, daß die Materie ein für sich bestehendes und bestimmtes Sein besitze, im Gegentheil, er bezeichnet ihr Sein als unbestimmt und indifferent und als ein blos mögliches Sein (potentia pura) gegenüber der Form, welche ihr das bestimmte Sein gibt. Aus diesem Grunde haben wir auch im ersten Kapitel gezeigt, daß in der Fassung der materia prima zwischen dem h. Thomas und Scotus sachlich kein Unterschied obwaltet, da auch der englische Lehrer der Materie ein Sein zuschreibt, ja sogar eine Idee von derselben im Geiste Gottes sein läßt[2]). Nur will der h. Thomas

---

1) Matière et Forme. p. 48—50.

2) Quamvis materia prima sit informis, tamen inest ei imitatio primae formae: quantumcunque enim debile esse habeat, illud tamen est imitatio primi entis; et secundum hoc potest habere similitudinem in Deo . . . Materia non procedit in esse a Deo nisi in composito, et sic ei idea, proprie loquendo, in Deo non respondet. Qu. disp. de verit. qu. 3. art. 5.

nicht, daß man dieses Sein der Materie Act nennt, da er unter Act das bestimmte Sein versteht, welches die Form der Materie verleiht.

Daß Scotus den actus entitativus der Materie nicht anders denkt, geht auch aus seiner Lehre von der forma corporeitatis hervor. Er anerkennt in den lebenden Wesen außer dem Lebensprincip noch eine eigene Körperform. Diese Körperform gibt der materia prima das Körpersein im Allgemeinen, esse corporeum genericum, d. h. jenes Sein, wodurch der Stoff Körper ist, ohne jedoch Körper dieser oder jener Art zu sein. Dieses generische Sein ist das niederste Sein, das sich am Stoffe denken läßt. Und doch besitzt der Stoff aus sich nicht einmal dieses niederste Sein, sondern erhält es durch die forma corporis. Demnach ist auch nach Scotus das Sein der Materie kein solches, wodurch sie Körper oder etwas Körperliches ist, sondern nur ein solches, das die Möglichkeit und Befähigung hat, ein Körper zu werden. Unmöglich ist es aber dann, die Materie des Scotus mit den Atomen der Naturwissenschaft identisch zu fassen, und ebenso unmöglich ist es, in der Materie des Frédault, die eine körperliche Substanz ist, jene des doctor subtilis zu erkennen. Da Heinrich von Gent und Suarez dem Scotus in der Definition von der Materie folgen, so brauchen wir nicht mehr des Weiteren darzuthun, daß auch ihre Lehre der Atomistik nicht das mindeste refugium gewährt.

Die Unversöhnlichkeit beider Lehren leuchtet noch mehr ein, wenn man beachtet, daß die Anhänger der Atomistik ihren Atomen Activität zuschreiben. Die Atome ziehen sich an, tauschen sich in den Verbindungen aus und wirken fortwährend auf einander. Nach Scotus und Suarez, wie überhaupt nach allen scholastischen Lehrern, kann jedoch die materia prima keine Activität entfalten; sie ist nur passiv und receptiv. Entitas materiae est ad recipiendum, non ad agendum, schreibt kurz und bündig der doctor eximius[1]). Eine solche Materie ist für unsere Naturwissenschaft, die alle Eigenschaften und alle Thätigkeit der Natur auf Atome und Stoffbewegung zurückführt, geradezu unannehmbar.

Um die eigene Lehre mit der des Scotus decken zu können, hat man auch den Versuch gemacht, Scotus das actuelle Verbleiben der Elemente in der Mischung lehren zu lassen. Fürwahr, wenn dieser Versuch gelingen würde, dann würde sich der doctor subtilis in einem

---

1) Disp. XIII, sect. 5.

sehr wichtigen Punkte der modernen Chemie nähern. Aber dieser Versuch wird nie gelingen, weil Scotus mit der größten Entschiedenheit die substantielle Fortexistenz der Elemente im Compositum leugnet. Er bekämpft nicht nur Avicenna, der die Elemente unversehrt zurückbleiben läßt, sondern auch den Averroës, nach dem die substantiale Form der Elemente remisse in der Mischung fortdauert. Ja, er findet gerade darin den Unterschied zwischen der juxtapositio und mixtio, daß in der letzteren die Formen der Elemente nicht mehr vorhanden sind. Wir brauchen darüber keine weiteren Worte zu verlieren, da diese Frage bei Scotus zu klar erörtert ist, und wir bereits früher das Nöthige gesagt haben. Während demnach Scotus den gemischten Körper definiren muß als ein Compositum von Materie und Form, in welchem die substantiellen Formen der Elemente nicht mehr vorhanden sind, sondern der substantiellen Form der Mischung Platz gemacht haben, lautet die Definition der chemischen Schule gerade entgegengesetzt; nach ihr ist der Körper eine Combination der Elemente, die sich nach einer bestimmten Proportion verbunden haben und die in der Mischung ihrem Sein nach unverändert vorhanden sind; nur vermögen sie in der Verbindung ihre specifischen Kräfte nicht vollständig zur Geltung zu bringen, weßhalb ihre Thätigkeit in der Mischung eine modificirte ist.

Wie schon erwähnt, gibt ein Theil der von uns bekämpften Anhänger der Atomistik zu, daß sich die scotistische Lehre bezüglich der unorganischen Körper nicht mit dem Atomismus vereinigen lasse, dagegen glaubt derselbe, daß Scotus die Zusammensetzung und Einheit der lebenden Körper und ganz besonders des Menschen ebenso auffasse, wie die moderne Psychologie. Da nach Scotus das Lebensprincip oder die Seele sich nicht mit der materia prima vereinigt, sondern mit einem im Sein schon constituirten Körper, so lehrt er im Wesentlichen dasselbe, was die Atomistik festhält, daß nämlich die Seele zu dem durch die Atome und ihre Verbindung constituirten Körper hinzukommt, um ihn zu beleben und zu beseelen[1]). Es kommt hiebei nicht darauf an, sagen sie, ob Scotus durch die forma corporeitatis dem Stoffe ein

---

[1]) Jam vero Scotus illi ipsi secundae quaestioni respondet animam rationalem uniri immediate corpori jam constituto in esse corporis, et cum Scoto plurimi Scholastici idem sentiunt. Id porro est in quo nos dicimus nos sequi Scotum, non in quaestione philosophica de constitutivis corporeae naturae. Palmieri „Animadversiones". p. 20.

specifisches Sein mittheilen läßt oder nicht. Es genügt, daß der doctor subtilis die Materie durch die forma corporis bereits zum Körper bestimmt sein läßt [1]).

Es wird uns nicht schwer werden, nachzuweisen, daß auch die Psychologie des scharfsinnigen Franziscaners sich nicht im Sinne eines Palmieri und Bottalla deuten läßt. Die Unterschiede zwischen den beiden Lehren sind auch auf dem psychologischen Gebiete gewaltig, wenn wir auch zugeben, daß sie sich hier etwas näher kommen.

Vor Allem ist der durch die forma corporis constituirte Körper etwas ganz Anderes, als die Atome und Moleküle der heutigen Naturwissenschaft. Wie schon früher dargethan, gibt die Form der Körperlichkeit dem Stoffe nur ein theilweises und incompletes Sein, wodurch er zur Aufnahme der Seele disponirt wird. Durch diese Form wird der Stoff weder zu einem bestimmten specifischen Sein, noch zu einem Individuum actualisirt; er wird nicht einmal zu einer Substanz bestimmt, sondern nur zum Theil einer Substanz. Diese Form gibt überdies kein bleibendes Sein, sondern nur ein vorübergehendes, denn beim Austritt der Seele aus dem Körper strebt dieser der Auflösung in die Elemente anheimzufallen. Gerade im entgegengesetzten Sinne definirt der Atomismus seine Atome. Sie bleiben nach ihrer Aufnahme in den belebten Körper vollkommene Substanzen und haben ihr bestimmtes specifisches Sein. Sie sind noch immer Kohlenstoff, Stickstoff u. dgl. Ebenso sind die Atome in den lebenden Wesen Individuen, die wohl nicht mehr diese Selbständigkeit in der Thätigkeit haben, wie vor ihrer Aufnahme, weil sie von der Lebenskraft beherrscht sind, die aber doch ihre individuelle Existenzweise nicht verloren haben. Daß die Atome nicht ein vorübergehendes, sondern ein permanentes und unzerstörbares Sein besitzen, ist bei allen Atomisten eine ausgemachte Sache.

Ein weiterer, tiefgehender Unterschied liegt darin, daß Scotus die Seele als forma substantialis wesentlich anders auffaßt, als die Atomisten. Nach Stotus besteht das Wesen der substantialen Form gerade darin, daß sie das Sein und zwar das substantiale Sein mittheilt — omnis forma substantialis dat esse simpliciter. Er versteht unter substantialer Form dasselbe, was die Thomisten damit bezeichnen. Die höhere Form, i. e. die Seele verbindet sich mit dem durch die forma corporcitatis constituirten Körper im Sein; sie theilt demselben das

---

1) Cf. Bottalla o. c. p. 31.

substantiale Sein mit und ändert ihn auf diese Weise im Sein. Ob eine solche Aenderung und Verbindung im Sein sich philosophisch recht= fertigen läßt, thut nichts zur Sache. Die Atomisten bezeichnen wohl auch die Seele als Formalprincip, aber nach ihnen werden die Atome keineswegs im Sein geändert, sondern nur im Thätigsein. Die Seele ist für sie kein actus communicativus essendi, sondern die Seele beherrscht und durchdringt die Atome und macht sich ihre Kräfte dienstbar. Aus demselben Grunde, weil der doctor subtilis die Seele als seingebendes Princip faßt, kann er auch mit vollem Rechte behaup= ten, daß das Lebensprincip oder die Seele den Körper belebt und ihn empfindend macht¹). Die Generation besteht darin, daß der Körper von dem leblosen Sein in das Sein des Lebens transformirt wird, wodurch im Stoffe die Natur des Lebens und in Folge dessen neue Thätigkeiten begründet werden. Wie aber ist solches bei unveränderlichen Atomen möglich? Wie sollen dieselben zugleich Atome bleiben und zu= gleich lebendig sein können? Das Leben ist für das lebende Wesen nichts Accidentelles, es macht seine Natur und Wesenheit aus — vivere viventibus est esse. Wie nun ist dies möglich, fragen wir wieder, wenn Schwefel, Phosphor, Sauerstoff und wie die Elemente alle heißen, aus denen sich der Leib des Menschen zusammensetzt, im Leibe Phosphor, Schwefel und Sauerstoff bleiben? Wie können sie die Natur des Lebens annehmen? wie in lebenden Stoff verwandelt wer= den? Es wäre dies nur dann möglich, wenn die Atome zu gleicher Zeit ein doppeltes Sein besitzen könnten. In der That kommt auch die Lehre Frédault's darauf hinaus. Nach ihm subsistiren die materiellen Elemente des lebenden Körpers durch sich, weil sie eine substantiale Form besitzen. Diese Elemente haben aber zugleich die aptitudo, Ma= terie für einen lebenden Körper zu werden. Diese aptitudo bildet in den Elementen eine Art von bedingtem Sein, welches erst dann zu einem wirklichen Sein wird, sobald sie von einer Lebenskraft oder Seele informirt werden. Die Lebenskraft, welche das verleiht, was den Ele= menten zuvor nur bedingnißweise zukam, gibt daher den Elementen ein neues, wahres Sein, welches von dem Sein verschieden ist, das die Elemente durch die substantiale Form des Elementes haben²). Aber

---

1) Jourdain hat Unrecht, wenn er den Scotus drei distinkte Principien im Menschen lehren läßt, eine vegetative, sensitive und rationelle Seele.
2) Forme et Matière. p. 50.

wir haben schon oben gesagt, daß eine solche Annahme eine Absurdität ist, da nach ihr der Körper zugleich lebend und zugleich nicht lebend wäre. Una numero materia non est susceptibilis diversarum formarum substantialium, sagt Albertus an der früher citirten Stelle. Zu solchen Widersprüchen wird Scotus nie die Hand bieten. Wie schwer sich der Atomismus in dieser Frage thut, das geht auch aus der Unsicherheit und Verschiedenheit der Ausdrücke hervor, mit denen er den Einfluß der Lebenskraft auf die Atome bezeichnet. Bald läßt er die Atome von der Lebenskraft durchdrungen sein, bald ist ihr Sein modificirt, bald sind sie beherrscht, bald die Thätigkeit der Seele mit den Kräften der Moleküle vermischt. All' diese Ausdrücke bleiben insolange leere Namen, als das Lebensprincip nicht im Stande ist, die Atome zum lebenden Sein zu erheben und ihnen die Natur des Lebens mitzutheilen. Nur dann kann man sagen, daß die Seele Lebensprincip ist; außerdem täuscht man, wenn man von einem Beleben der Atome spricht.

Und weil Scotus das Sein des durch die forma corporis constituirten Körpers so niedrig faßt und andererseits in der Seele eine wahre forma substantialis erkennt, so kann er auch nach seiner Theorie, von deren Wahrheit oder Falschheit wir hier absehen, die substantielle Einheit der lebenden Wesen und besonders des Menschen festhalten. Dies ist aber nach der Theorie der Atomisten absolut unmöglich. Die alte Schule kennt nur zweierlei Formen, substantielle und accidentelle. Die substantiale Form ist jene, welche dem Stoffe das erste oder substantiale Sein verleiht; die accidentelle Form gibt der Substanz noch ein zweites Sein, sie kommt als weitere Bestimmung zum ersten Sein hinzu, daher der Name — quia accedit ad primum esse. Da nun die Atome oder Elemente das erste Sein bereits haben und es in dem lebenden Körper behalten, so kann die Seele nur noch als weiteres, accidentelles Sein hinzukommen, das etwa das Sein der Atome modificirt oder beherrscht, aber nie kann aus dem Sein der Atome und dem Sein der Seele eine substantielle Einheit resultiren, nie kann das, was für eine Sache nur accidentell ist, mit ihr substantiell eins werden. Um diesen großen Unterschied recht einleuchtend zu machen, wollen wir auch hier die Definition vom Menschen nach der scotistischen und chemischen Schule anfügen. Nach Scotus ist der Mensch ein Compositum aus dem Körper und der vernünftigen Seele. Da der Körper durch die forma corporeitatis nur ein unvollkommenes und theilweises Sein hat, so ergänzt und vollendet die Seele dieses Sein und vereinigt sich auf diese Weise im Sein und zwar im substantiellen Sein mit dem Körper. Sie theilt dem Körper das Leben und Empfinden mit, so daß die Lebens- und Empfindungsthätigkeiten weder dem Körper als solchem, noch der Seele allein angehören, sondern dem Compositum von beiden, die sich zu einer Natur und Wesenheit geeinigt haben. Dagegen lautet die Definition der Chemie folgendermaßen: Der menschliche Körper besteht aus zahllosen Atomen oder Molekülen, die mit den chemischen Kräften begabt sind und die durch die gegenseitige Wirksamkeit dieser Kräfte geeinigt werden. Während des Lebens sind diese Kräfte der Lebenskraft der Seele unterworfen, welche sie durchdringt und beherrscht und sie zu den vitalen Funktionen erhebt und dem Körper die Gestalt des menschlichen Leibes, sowie Leben und Empfindung gibt.

Die Gegner des h. Thomas fühlen wohl die Schwere der Wahrheit, daß nur dort eine Einheit der Substanz oder, was dasselbe ist, eine Einheit in der Natur und Wesenheit möglich ist, wo eine einzige substantiale Form vorhanden ist. Um gleichwohl die Einheit der specifischen Substanz im Menschen zu retten, nehmen sie ihre Zuflucht zu der Lehre, daß eine Substanzeinheit auch dort vorhanden sei, wo sich zwei Substanzen in Einer Person oder Subsistenz verbinden, wie wir es im Geheimniß der Incarnation haben. Sie drücken sich in folgender Weise aus. Die Substanzen, welche sich im Menschen verbinden, sind zwei: Leib und Seele. Es sind zwei Substanzen, weil sowohl der Leib, als die Seele ein eigenes Sein besitzt. Beide Substanzen sind aber in Beziehung auf den Menschen nur Theilsubstanzen, weil sowohl der Leib, als die Seele die Vereinigung zu dem menschlichen Compositum fordert. In dem Geheimniß der Incarnation ist die Einheit des Logos mit unserer Natur eine substantielle, weil die göttliche Person die menschliche Natur terminirt und sich dieselbe aneignet. In der Einheit von Leib und Seele gibt die Seele dem Leibe das, was ihm nöthig ist, um ein lebendiger Theil des Menschen zu werden, und dadurch eignet sie sich denselben zu. Wie die göttliche Person die menschliche Natur in Beziehung auf die Subsistenz completirt und dadurch die Einheit zwischen der göttlichen und menschlichen Natur substantiell macht, in ähnlicher Weise completirt die Seele, indem sie dem Leibe das Leben und die Empfindung gibt, die Substanz in Beziehung auf die Natur, und darum muß ihre Einheit mit dem Körper eine substantielle genannt werden [1]).

Bottalla und alle anderen, welche derselben Ansicht huldigen, dürften vergebens eine solche Auffassung der unitas substantialis bei Scotus suchen. Scotus lehrt in Uebereinstimmung mit der ganzen alten Schule eine doppelte Einheit im Menschen, eine unitas naturae und unitas personae. Die erste besteht darin, daß die Seele sich mit dem Leibe als Formalprincip vereinigt, so daß aus beiden eine einzige Natur entsteht. Diese Einheit der Natur oder Wesenheit wird auch Einheit der Substanz oder substantielle Einheit genannt. Sie ist auch der Grund für die zweite Einheit. Nur weil Leib und Seele zu einer Wesenheit sich einigen, darum sind sie auch in der Person eins; die Einheit der Natur erzeugt nothwendig die Einheit des Suppositums. Diese persönliche Einheit oder unio hypostatica ist aber durchaus keine Substanzeinheit. Deßhalb kann auch die Einheit der menschlichen Natur mit der göttlichen in Christus im eigentlichen Sinne nicht eine substantiale genannt werden. Sie kann nur insofern substantial oder, wie Scotus will, consubstantial genannt werden, als sich in Christus zwei Substanzen in Einem Suppositum verbunden haben. Scotus anerkennt nur dort eine wahre substantiale Einheit, wo sich eine Substanz mit der anderen so vereinigt, daß die eine für die andere zugleich forma substantialis ist; er will dagegen jede Auffassung von der Einheit des Menschen ausgeschlossen wissen, nach welcher sich die Seele mit dem

---

1) Les substances, qui s'unifient sont deux, mais particelles: elles sont deux parce que le corps possède son être de corps, comme l'âme son être d'âme raisonable; elles sont particelles parce que, de même que l'âme est destinée par sa nature à informer le corps, pour en compléter l'être de corps humain, et pour lui communiquer la vie et sentiment, ainsi le corps est destiné par sa nature à s'unir à l'âme .... Dans le mystère de l'Incarnation l'union du Verbe avec notre chair est substantielle, parce que la personne divine termine la nature humaine, et par là se l'approprie. Dans l'union du corps avec l'âme, celle-ci donne au corps ce qui lui est nécessaire pour devenir une partie vitale de l'homme, et par là aussi elle se l'approprie. La personne divine, en terminant la nature humaine, la complète dans l'ordre de la subsistance, et rend substantielle son union avec la nature divine; ainsi l'âme, en donnant au corps la vie et sentiment, en complète la substance dans l'ordre de sa nature; et par là leur union doit être dite, et elle est substantielle. Bottalla o. c. p. 27.

Leibe nur dadurch vereinigt, daß sie den Leib beherrscht oder daß sie mit dem Leibe sich zu gemeinsamer Thätigkeit verbindet oder auf ihn wirkt, oder mit ihm ein Subject der Thätigkeit bildet. Er schließt gerade jene Ansicht ganz entschieden aus, welche man als die seinige vertheidigen will. Nach ihm wäre auch eine lediglich hypostatische Einheit zwischen Leib und Seele keine intime und keine feste Einheit, und darum auch keine vollkommene; denn intima, fortis und perfecta ist nur dann die Einheit zwischen Seele und Leib, wenn sich beide nicht consubstantial in einem dritten einigen, sondern wenn die vernünftige Seele dem Leibe zugleich Actualität und das specifische Sein verleiht. Eine einzige Stelle des doctor subtilis möge das Gesagte bekräftigen. Dort, wo er nachweist, daß die intellectuelle Seele wahre und specifische Form des Leibes ist, heißt es unter Anderem: Non videtur ergo sufficere dictum, quod intellectivum uniatur unitate consubstantiali (i. e. hypostatica) et non formali corpori. Et hoc patet, quia Verbum divinum consubstantialiter potest dici unitum naturae humanae, secundum quod dicit positio, ad hoc enim, ut dicit, quod aliqua sint substantialiter unita, sufficit, quod consubstantialiter coexistant in aliquo ente; ut supposito inest natura divina et humana in Christo: Nam sicut anima rationalis et caro unus est homo, ita Deus et homo unus est Christus. Nunc autem talis unio non ponit dependentiam unius ad alterum extremum, nec relationem realem essentialem, quia non est ibi unio per modum formae: et talis unio necessario est accidentalis, non enim est de essentia personae divinae ut uniatur naturae humanae, ergo si intellectivum non unitur corpori ut forma, nec corpus inclinatur essentialiter ad intellectivum nec e contrario[1]).

Den Hauptgrund, der den Scotus zur Annahme einer forma corporis bewog, bildet die Thatsache, daß beim Tode derselbe Körper mit derselben Gestalt und Quantität zurückbleibt, wie ihn das lebende Wesen besessen hat. Diese Erscheinung hielt den doctor subtilis ab, mit dem h. Thomas eine forma cadaverica anzuerkennen. Seit Scotus hat diese Leichenform ein großes Hinderniß für die Annahme der thomistischen Körperlehre gebildet. Es darf uns deßhalb nicht Wunder nehmen, daß auch die neuesten Gegner des Engels der Schule

---

1) De rer. princ. qu. 9. n. 42.

ganz besonders die forma cadaverica in's Feld führen. Sie verurtheilen in den schärfsten und wegwerfendsten Ausdrücken die Lehre von der Leichenform. Sie glauben, daß sich die Erscheinungen des Leichnams oder todten Körpers thomistisch gar nicht erklären lassen; die Schwierigkeiten, an denen die Lehre des h. Thomas ohnedies schon reich ist, häuften sich hier zu Bergen. Nach der thomistischen Lehre, bemerkt Ramière[1]), hatte der menschliche Körper, so lange er lebte, nur eine einzige substantielle Form, die vernünftige Seele, welche ihm nicht blos Leben und Empfindung gab, sondern auch das körperliche Sein. Wie sollte nun dieser Körper seine Existenz bewahren, nachdem die Seele, von der er sie erhielt, gewichen ist? Die Thomisten glauben auf leichte Weise diesem Einwande zu entgehen, indem sie sagen: in dem Augenblicke, in welchem die Seele den Leib verläßt, entsteht eine neue substantiale Form, welche sich mit der materia prima vereinigt und den Leichnam constituirt. Aber mit dieser Leichenform ist die Frage nicht gelöst, sie ist nur noch schwieriger geworden. Denn sofort entsteht die weitere Frage: woher kommt diese Cadaverform? Die Todesarten sind zahllos und verschieden, und doch sollte die Wirkung immer dieselbe sein? Muß denn nicht die Wirkung der Ursache entsprechen? Der Leichnam soll durch eine neue substantiale Form actualisirt sein, aber warum ist dann noch dieselbe Organisation des Stoffes vorhanden, dieselbe Structur, dieselbe Figur, Farbe und überhaupt derselbe Körper? Nie und nimmermehr läßt sich das Eintreten einer Leichenform beim Tode des Menschen oder eines andern lebenden Wesens begreifen. Die heutigen Gegner des h. Thomas freuen sich deßhalb sehr, daß sie auch in dieser Frage den scharfsinnigen Franziscanerlehrer auf ihrer Seite haben.

Was diesen letzteren Punkt betrifft, so dürften sich Ramière, Bottalla und wie die gegenwärtigen Bekämpfer der thomistischen Lehre alle heißen, abermals sehr täuschen, wenn sie den doctor subtilis als ihren Patron anrufen wollen. Ramière z. B. zieht aus der Thatsache, daß bei der Zersetzung des Leichnams die Elemente mit ihren eigenthümlichen substantialen Formen wieder zu Tage treten, die evidente Folgerung (il suit évidemment), daß dieselben im lebenden Wesen ihre substantialen Formen nicht verloren hatten[2]). Und in dieser An-

---

1) „L'accord" p. 71 ff.
2) Ibid. p. 78.

nahme pflichten ihm alle Atomisten bei. Demgemäß ist der todte Körper noch weniger als der lebende eine substantiale Einheit. Denn die chemischen Kräfte oder Atomkräfte, welche vor dem Tode von der Seele beherrscht sind, werden frei und selbstständig und ihr gegenseitiges Wirken führt die Auflösung des Körpers herbei. Nach Scotus hingegen besitzt der Leichnam ein einheitliches Sein; er ist durch die forma corporis Eine Substanz. Allerdings kommt Scotus mit sich in Widerspruch. Er will, daß die forma corporis nur das generische Sein des Körpers verleiht, wodurch der Körper kein specifischer und individueller Körper ist. Aber auch Scotus wird nicht leugnen können, daß der Leichnam eine complete Substanz und ein specifischer Körper und etwas Individuelles ist. Doch dieser Widerspruch thut nichts zur Sache. So viel steht fest, daß nach Scotus der Leichnam eine substantiale Einheit ist, was nach den Atomisten unmöglich ist. Wenn dieselben daher das Bedürfniß fühlen, ihre Lehre durch eine mittelalterliche Auctorität zu decken, so mögen sie sich Avicennisten nennen oder auch den Averroës für sich in Anspruch nehmen; das hat einen Sinn; aber keinen Sinn gibt es, wenn sie sich hinter den Namen Scotus verstecken und zu der großen Schaar seiner Schüler gezählt werden wollen.

Bezüglich der anderen Einwürfe gegen die Lehre von der forma cadaverica haben wir schon an anderer Stelle[1]) das Nöthige gesagt, so daß wir hier nur noch zur Ergänzung Einiges anzuführen brauchen.

Alle aufgeführten Gegner des h. Thomas wollen nicht begreifen, wodurch die Leichenform verursacht und wie dieselbe aus der Potenzialität der Materie educirt werde. Es muß dies um so mehr auffallen, als doch nicht schwer einzusehen ist, daß dieselben Ursachen, welche den Tod bewirken, auch das neue Sein verursachen müssen, welches der Stoff im todten Körper erhält. Mag der Tod aus was immer einer Ursache eintreten, so viel steht fest, daß er eine substantiale Aenderung am Körper hervorbringt. Auch wenn der Tod in Folge einer sehr geringen Verletzung des Organismus, wie etwa bei einem Gehirnschlag, erfolgt, so hat doch der ganze Körper eine radicale Aenderung erlitten. Alle Theile, die vorher lebendig waren, sind nunmehr ohne Leben; alle Lebensthätigkeit am ganzen Organismus hat aufgehört. Der Stoff oder die Materie des todten Körpers ist nicht mehr so actualisirt, wie vorher; er hat folglich nicht mehr dasselbe Sein, wie früher. Da nun

---

1) „Materie und Form" p. 198 ff.

eine solche Substanzänderung nicht eintreten kann, ohne daß der Stoff durch eine neue Form actualisirt ist, so muß nothwendig mit dem Entweichen der Seele eine andere substantiale Form dem Stoffe das Sein des Leichnams verleihen. Somit sind es dieselben Ursachen gewesen, welche den Tod herbeiführten, und eben dieselben, welche die Leichenform educirten.

Aber wie ist dies möglich, wiederholen die Gegner, da bei den verschiedensten Todesursachen immer dieselbe Form hervorgebracht wird? Muß denn nicht eine verschiedene Ursache auch eine verschiedene Wirkung erzeugen?

Wir antworten auf diesen Einwurf damit, daß wir auf eine doppelte Klasse von Todesursachen aufmerksam machen. Es kann nämlich der Tod durch ein Agens erfolgen, das so intensiv und mächtig wirkt, daß es sich die Wirkung vollkommen zu eigen macht. Dies ist z. B. der Fall, wenn eine Pflanze oder ein Thier plötzlich vom Feuer verzehrt oder der Mensch von der glühenden Lava plötzlich verkohlt wird. In solchen Fällen ist die Wirkung der Ursache vollkommen proportionirt. Es gibt aber auch andere Todesursachen und ihre Zahl ist die größere, welche nicht so intensiv auf ihr Subject wirken. Sie wollen nicht direct die Leichenform hervorbringen oder einen Leichnam erzeugen, sondern sie suchen die Lebensfunktionen, wie die Blutcirculation, das Athmen u. dgl. zu hemmen, um dem Lebensprincip die nothwendigen Dispositionen zu seiner Fortdauer zu entziehen. Ihre Thätigkeit geht deßhalb nur darauf aus, die Substanz zu zerstören, ohne das Subject zum eigenen Sein zu bestimmen. In diesem Falle wird nach der Zerstörung des Lebens jene Form eintreten, wozu der lebende Körper zunächst disponirt oder in Potenz ist. Es wird dies immer eine Form sein, die mit dem Lebensprincip verwandt ist und darum dem Körper die Structur und Figur des lebenden Körpers läßt. Wie nämlich der rohe Stoff nicht auf einmal und unmittelbar lebendig wird, so kehrt auch nicht auf einmal und unmittelbar der lebende Körper in seine Elemente zurück (außer es wirkt die Ursache sehr intensiv), sondern allmälig und durch verschiedene Transformationen. Eine solche Uebergangsform vom Reiche des Lebendigen in das Reich des Todten (forma imperfecta, via ad dissolutionem nach dem h. Thomas) ist die Leichenform. Sie entsteht deßhalb immer, so oft die Seele den Leib verläßt, und hat keine besondere Ursache nöthig, welche ihre Hervorbringung intendirte.

Dies ist der Sinn, wenn der englische Lehrer auf den Einwurf[1]), daß beim Tode deßwegen keine substantiale Veränderung eintrete, weil der Körper meistens unverändert bleibe, in folgenden Worten entgegnet: Ad sextum dicendum, quod in morte animalis quaedam forma imperfecta inducitur in materia; sed quia est via ad dissolutionem et imperfectionem, non oportet ponere aliquod agens particulare quod intendat illam formam inducere. Est enim ordo naturalis inter animam et talem formam ita quod ad abjectionem animae a materia necesse est talem formam sequi in eadem. Unde philosophus dicit in VIII. Metaph. quod ex vivo fit mortuum sicut ex vino fit acetum. Quamvis etiam talis forma substantialis resultet in materia, non tamen proprie dicitur esse generatio, eo quod illud, a quo est transmutatio, est perfectum. Illud autem, ad quod transmutatum est, est imperfectum et corruptum et praeter naturam. Unde philosophus VIII. Met. vocat mortuum corruptionem vivi . . . Non igitur oportet dare aliud agens particulare, quod intendat aliam formam producendam . . . Quidquid igitur dissolvit harmoniam debitam animae, sive sit calor innaturalis in corpore sive aliud agens extrinsecum, illud est causa inductionis hujus formae . . . Ipsa enim animae abjectio est ejus inductio.

Da nach der vorausgehenden Lehre des Aquinaten die Leichenform die nothwendige Folge der Trennung der Seele vom Leibe ist, so darf es uns nicht wundern, daß dieselbe Organisation der Materie, dieselbe Gestalt, Quantität und andere Accidentien zurückbleiben, wie sie der lebende Körper besaß. Als eine mit dem Lebensprincip verwandte Form fordert sie keine andere Organisation und Ausgestaltung der Materie. Der Atomismus darf um so weniger auf einem solchen Einwurfe bestehen, als er ebenfalls eine Substanzänderung anerkennen muß, ohne daß sich die äußere Erscheinung des Körpers ändert. Wenn z. B. ein Holzstück verkohlt, so ist nach der Chemie die Kohle eine andere Sub-

---

1) Non est ibi forma substantialis de novo inducta, tum quia forma substantialis est terminus generationis: ibi autem nihil apparet generans et per consequens nec generatio: tum quia generatio est terminus alterationis; ex vivo autem fit mortuum, quamquam sine alteratione praecedente, puta quum ex uno ictu occidentis subito homo interficitur, ergo corpus mortuum est subsistens per formam, quae praefuit in materia simul cum anima rationali. S. Th. opusc. de pluralitate formarum.

stanz, als das Holz, da im Verbrennungsproceß ein Theil der Elemente entwichen ist, und doch bewahrt die Kohle dieselbe Größe, Figur, dieselben Jahresringe und überhaupt dieselbe äußere Erscheinung, wie das Holzstück. Wenn nun nach einem so tiefgreifenden Proceß, wie es der Verbrennungsproceß ist, und selbst nach vorausgegangenem Stoffwechsel dieselbe Organisation und Structur und andere Qualitäten zurückbleiben, dann kann es um so weniger auffallen, wenn bei viel geringerer Veränderung am Körper, wie es beim Tode der Fall ist, wo lediglich die substantiale Form entweicht, dieselbe Organisation und scheinbar derselbe Leib zurückbleibt. Während aber die Chemie dieses Factum gar nicht oder nur mit Mühe zu erklären vermag, gibt die thomistische Lehre hiefür genügenden Aufschluß[1]).

Das Gesagte dürfte mehr als hinreichend erscheinen, um die Unvereinbarkeit des Atomismus mit dem Scotismus darzuthun. Beide Lehren schließen sich vollständig aus; sie haben nur eine äußere Aehnlichkeit gemeinsam. Wir können den Atomisten nur den Rath geben, sich nicht blos hinter das scotistische System zu verstecken, sondern dasselbe anzunehmen, wie es ist. Dann stehen sie ebenso gut auf peripatetischem Boden, wie die Thomisten, und ein Ausgleich dürfte nicht allzu schwer werden. Sie würden dann selber gar bald den scotistischen Peripatetismus mit dem thomistischen vertauschen, da gerade die Abweichungen des Scotus von Thomas in der Körperlehre sich am wenigsten halten lassen und darum auch gegenwärtig von der Franziscanerschule nicht mehr vertheidigt werden.

Siebentes Kapitel.

Das Concil von Vienne.

Darüber war man bisher allgemein einig, daß auf dem Concil von Vienne die Lehre des Peter Johannes von Oliva verurtheilt worden ist. Man war aber darüber zweifelhaft, worin sein Irrthum bestanden habe. Die Meisten, namentlich die Späteren, nahmen an, daß er im Menschen zwei Seelen anerkannt habe, eine sensitive und eine rationelle, und daß er wegen des Irrthums der Multiplicität der Seelen verurtheilt worden sei. Der unermüdliche Forscher Fidelis a

---

[1] Cf. Liberatore, „Dell' Uomo." 2. edit. p. 486.

Fanna hat jüngst glücklicher Weise die Quaestiones quodlibetales des Johannes von Oliva in der Borghesianischen Bibliothek zu Rom aufgefunden, in denen der Irrthum des Johannes v. Ol. weitläufig erörtert ist. Zigliara druckt die wesentlichsten Stellen in seiner Schrift ab, auf die wir verweisen müssen, um nicht zu ausführlich zu werden. Aus diesen Quodlibetales ergibt sich nun mit Evidenz das doppelte Resultat: 1) daß Johannes nicht die Multiplicität der Seele gelehrt hat; 2) daß sein Irrthum in der falschen Auffassung der Art und Weise der Einigung von Leib und Seele gelegen hat.

Was den ersten Punkt betrifft, so ist in den Quodlibeta, aus welchen die im Auftrage des Papstes aufgestellten Censoren die irrigen Sätze entnommen haben und auf die sich Johannes in seiner Vertheidigung beruft, von dem Dualismus der Seelen gar nicht die Rede. Im Gegentheil, es ist in denselben die Einheit der Seele im Menschen begründet und vertheidigt. Er nennt wohl das sensitive und rationelle Vermögen im Menschen „partes substantiales"[1]), aber er bemerkt zugleich, daß er darunter nicht zwei distinkte Principien in der Seele verstehe oder daß die Seele etwas Zusammengesetztes sei; er beweist vielmehr die Einfachheit der Seele ausführlich. Die Seele ist ihm in dem Grade einfach, daß zwischen ihr und ihrem sensitiven und intellectuellen Vermögen keine reale Distinktion stattfindet. Es steht somit außer allem Zweifel, daß Joh. v. Oliva nicht wegen der Multiplicität der Seelen im Menschen verurtheilt wurde.

Ebenso sicher ergibt sich aus dieser Schrift, daß Johannes die Natur der Einheit von Seele und Leib irrig aufgefaßt hat. Nach ihm hat man in der Seele zwischen der Wesenheit, die er auch spiritualis

---

1) Palmieri und sein Recensent in der Innsbrucker „Zeitschrift für katholische Theologie" glauben zwar, daß darunter reale und distinkte Theile zu verstehen seien und daß deßhalb Johannes den Dualismus der Seelen wenigstens in abgeschwächter Form gelehrt habe. Dagegen ist zu sagen, daß Johannes diese Theile nur als „tanquam" partes substantiales bezeichnet. Ebenso nennt er sie Theile der substantialen Form der Seele; die substantiale Form hat aber keine real-distinkten Theile. Und aller Zweifel schwindet, wenn man die Doctrin desselben über den Unterschied zwischen der Seele und ihren Kräften beachtet. Er sagt unter Anderem: Secundum se considerata dicitur quaedam *essentia*, sicut materia quaedam essentia dicitur; per comparationem vero ad materiam dicitur *actus* et *forma*; per comparationem ad totum dicitur *pars* ejus *formalis*; per considerationem autem ad opus dicitur *potentia* seu *natura*.

materia, subjectum und quasi suppositum nennt, und zwischen ihrer Form und Natur zu unterscheiden, die er auch mit Potenzen und Vermögen bezeichnet. Für die Potenzen und Vermögen, die er auch partes formales nennt und die sich auf das Thätigsein beziehen, ist die Wesenheit der Seele das Subject oder auch das Suppositum. Während nun die Schule allgemein lehrt, daß die Seele ihrer Wesenheit nach per se und immediate sich mit dem Leibe vereinigt, will Johannes, daß sich die Seele nicht per se formaliter immediate mit dem Leibe verbinde, sondern daß sie sich wenn auch formaliter, so doch nur mittelst (mediate) ihres sinnlichen Theiles mit dem Leibe einige[1]. Johannes anerkennt die Seele als Form des Leibes, aber die Seele einigt sich mit dem Stoffe weder unmittelbar, noch nach ihrer intellectiven Seite, sondern nur mittelst der sensitiven Kraft[2]. Weil aber nach ihm das sensitive und intellective Vermögen Theile der einfachen Seelensubstanz sind, so ist die Einheit zwischen der Seele und dem Leibe eine substantielle.

Wir dürfen den Grund nicht unerwähnt lassen, der den Johannes vornehmlich zu seiner irrigen Auffassung des Verhältnisses von Seele und Leib veranlaßt hat. Es ist derselbe, den die gegenwärtigen Bekämpfer der thomistischen Lehre beständig im Munde führen. Alle die Gegner, welche wir im Verlaufe unserer Untersuchung kennen gelernt haben, halten eine unmittelbare Vereinigung der vernünftigen Seele mit dem Leibe deßwegen für unmöglich, weil dadurch entweder die Seele materiell und körperlich oder der Leib geistig würde. Sie finden ganz besonders darin, daß die Seele als geistige Substanz dem Stoffe die körperliche Bestimmung geben soll, eine Gefahr des Materialis-

---

[1] Quomodo autem haec unio possit intelligi et esse *consubstantialis* ita quod non sit *formalis*, facile est capere supposito quod *sensitiva sit unita cum parte intellectiva in una spirituali materia* seu in uno, ut ita dicam, supposito rationalis animae. Cum enim sensitiva non sit forma substantialis humani corporis, sed potius anima rationalis per partem sensitivam, et ita ad se invicem substantialiter unita tanquam forma et materia; pars autem intellectiva et sensitiva sint unitae tanquam duae naturae *formales* in una materia seu in uno supposito et in una substantia animae, et ita sibi invicem consubstantiales tanquam partes substantiales unius formae substantialis animae. Zigl. o. c. n. 160.

[2] Unio eorum est intima, non tamen *immediata*, quoniam *mediante sensitiva* ad se invicem inclinantur et *sibi invicem uniuntur*. Ibid. n. 162.

mus und Pantheismus. Nicht anders denkt und schreibt Johannes. Die Seele kann unmöglich ihrer Wesenheit nach Form und Actualität der körperlichen Materie sein, weil sie sonst ihr intellectuelles Sein dem Körper mittheilen müsse, wodurch der Körper oder die körperliche Materie des Intellectes und des Willens und der Freiheit theilhaftig würde. Die Seele könnte als Act des Körpers nicht mehr die Reflexionskraft üben und in ihrem Denken sich nicht über das Körperliche erheben, wie auch alle Freiheit und folglich die Tugend dahin wäre. Selbst die Unsterblichkeit der Seele ließe sich nicht mehr aufrecht halten[1]).

Nach dieser Auseinandersetzung des Irrthums des Johannes hat es keine Schwierigkeit, den Sinn und die Tragweite der Ausdrücke zu verstehen, mit denen das Concil denselben verurtheilt hat. Die maßgebende Stelle des Canons lautet: Doctrinam omnem seu propositionem temere asserentem aut vertentem in dubium quod substantia animae rationalis seu intellectivae vere ac per se humani corporis non sit forma, velut erroneam ac veritati catholicae inimicam fidei, praedicto sacro approbante concilio reprobamus, definientes, ut cunctis nota sit fidei sincera veritas ac praecludatur universis erroribus aditus ne subintrent, quod quisque deinceps asserere, defendere seu tenere pertinaciter praesumpserit, quod *anima rationalis* non sit *forma corporis humani per se et essentialiter* tanquam haereticus sit censendus.

Das Concil lehrt hiemit, daß die Seele per se Form des Leibes sei, d. h. daß die Seele unmittelbar und nicht mittelbar durch ihren sensitiven Theil den Leib informire. Und während Johannes will, daß die Seele nicht ihrer Wesenheit nach Informationsprincip sei, sondern durch ihre Vermögen und Facultäten, behauptet der Canon gerade das Gegentheil, indem er lehrt, daß die Seele ihrer Wesenheit nach (essentialiter) den Leib informire und ihm das specifische Sein gebe[2]).

Aus dem Gesagten ergibt sich mit Evidenz, daß das Concil von Vienne direct und an erster Stelle nicht die Lehre des Apollinaris und der Averroisten verurtheilt hat, sondern daß es die Natur der Einheit

---

1) Ibid. n. 158.
2) Damit widerlegt sich von selber, was Hauréau (II, 231) über die Verurtheilung des Johannes fabelt. Johannes soll verurtheilt worden sein, weil er im Geiste des h. Bonaventura Reformen für die Orden verlangte.

von Seele und Leib definirte. Es haben somit jene Unrecht, welche behaupten, daß auf dem Concil zu Vienne lediglich der Dualismus der Seele verworfen worden ist oder daß nur indirect über den Modus der Verbindung von Seele und Leib etwas bestimmt wurde. Palmieri[1]) glaubt allerdings, daß in dieser Frage die aufgefundenen Manuscripte der Quodlibetales von wenig Bedeutung seien, weil man nicht wisse, ob nicht auch solche Lehren verurtheilt worden seien, welche die Schüler des Johannes von Oliva lehrten oder welche man ihm zur Last legte. Diese Ausflucht ist aber ohne allen Belang, wenn man bedenkt, daß die sieben Censoren der Doctrin des Oliva die gegentheilige Lehre unter folgender Form ihm zu unterschreiben vorlegten: anima rationalis est per se et essentialiter forma corporis humani, einer Form, die später wortwörtlich vom Concil adoptirt worden ist. Das Concil konnte somit an erster Stelle keine andere Lehre treffen, als die irrige Ansicht des Johannes über den Modus der Union im Menschen.

Palmieri bemerkt weiter, daß um die Zeit des Concils der Averroismus sehr verbreitet war, dessen vorzüglichster Irrthum gerade darin bestand, daß das intellectuelle Princip im Menschen von der sensitiven Seele verschieden sei. Der Mensch wird nach Averroës durch die anima sensitiva constituirt, mit der sich der intellectus separatus von außen verbindet. Nachdem mehrere Synoden die arabischen Irrthümer bereits verurtheilt hatten, läßt sich gar nicht anders denken, als daß die Väter des Concils mit dem obigen Canon vorzüglich den Dualismus des Averroës im Auge gehabt haben. Dies geht auch daraus hervor, daß die Kirche, sicher die beste Auslegerin ihrer Decrete, später sich immer auf diesen Canon berief, so oft sie den Dualismus zu verwerfen hatte. So beruft sich Leo X. im Lateranconcil auf diesen Canon, um den noch immer weitverbreiteten Averroismus zu verdammen. Das Gleiche hat in unseren Tagen Pius IX. gethan, um den Dualismus eines Günther und Baltzer zu verwerfen. Somit kann der Ausspruch des Concils direct nur die Multiplicität der Seele verurtheilt haben.

Wir leugnen nicht, daß die Kirche auf diesem Concil und mit dieser Entscheidung auch den Dualismus treffen wollte; wir behaupten nur mit Zigliara, daß sie in erster Linie und direct die Natur der Einheit von Seele und Leib definiren wollte. Mit der Entscheidung

---

[1] In seinen „Animadversiones in recens opus de mente Concilii Viennensis". Romae 1878. p. 6.

dieser Grundfrage hat die Kirche indirect auch den Dualismus und alle anderen Irrthümer verworfen, die sich über die Einheit des Menschen erheben können. Mit der Feststellung, daß die Seele per se und essentialiter Form des Leibes ist, war zugleich auch die Einheit des Lebensprincips statuirt. Denn wenn die Seele als substantiale Form des Leibes mit dem vegetativen und sensitiven Princip nicht identisch ist, dann ist sie auch nicht Form, dann ist sie ein rein intellectives Princip, das zum sensitiven Wesen als motor oder in ähnlicher Weise hinzukommen, aber kein Informationsprincip sein kann. Weil die Kirche direct die Grundfrage der Natur der Einigung dogmatisirt hat, darum hat sie in ihrem Decret keinen Namen genannt und den Zusatz in dasselbe aufgenommen: „Ut praecludatur universis erroribus aditus ne subintrent." Sie konnte und mußte sich deßhalb jederzeit auf diesen Canon berufen, wenn es galt, die Einheit des menschlichen Compositums zu vertheidigen. Sie wird es auch in Zukunft so halten, denn mit dieser Entscheidung sind alle hierher gehörigen Irrthümer gerichtet.

Die Gegner verwahren sich mit aller Entschiedenheit, daß unter dem Ausdrucke „forma corporis" dasselbe zu verstehen sei, was die Thomisten damit bezeichnen. Dieser Terminus sei im Mittelalter im verschiedenen Sinne gebraucht worden. Vielleicht der größere Theil der damaligen Doctoren habe unter forma substantialis etwas Anderes verstanden, als der h. Thomas. Wenn das Concil unter Form dasselbe gedacht hätte, was Thomas und seine Schule damit versteht, dann würde auch die scotistische Lehre unter das Anathem fallen. Daran habe aber noch Niemand gedacht, und es wäre geradezu lächerlich, etwas solches zu behaupten.

Die Gegner geben uns sicher so viel zu, daß die Väter des Concils mit „forma corporis" das ausdrücken wollten, was man damals allgemein in den katholischen Schulen unter Form verstand. Allgemein gebrauchte man aber diesen Terminus, um das zu bezeichnen, wodurch eine Sache in einem bestimmten Genus und in einer bestimmten Species constituirt wird. Die Scotisten machen hierin keine Ausnahme, wie wir früher ausführlich dargethan haben; sie begreifen unter forma substantialis dasselbe, was die Thomisten sich darunter denken. Wenn deßhalb das Concil erklärt, daß die Substanz der Seele forma corporis humani sei, so konnte es nichts Anderes damit sagen wollen, als daß die menschliche Seele das ist, wodurch der Körper zum mensch=

lichen Körper bestimmt ist. Und in diesem Sinne fassen Scotisten und Thomisten die Entscheidung auf. Zum Ueberflusse hat Zigliara aus den Excerpten der Quodlibetales nachgewiesen, daß Johannes unter forma substantialis dasselbe verstand, was allgemein die Schule lehrte. Er definirt die Form als: id per quod materia fit in actu, ita ut ex unione materiae constituatur tertia natura. Das Wort Form kann somit in keinem anderen Sinne genommen werden, als in dem allgemein üblichen.

Aus demselben Grunde, weil Scotus in der Definition von forma substantialis von der gemeinsamen Schule nicht abweicht, ist auch seine Lehre von der kirchlichen Censur nicht berührt. Die Kirche hat nur festgestellt, daß sich die Seele zum Leibe als dessen substantiale Form verhalte, aber sie hat nicht definirt, daß die Seele die einzige Form des Leibes sei. Scotus läßt wohl den Körper durch die forma corporeitatis bereits im generischen Körpersein constituirt sein, aber die Seele gibt diesem Körper das menschliche Sein und macht ihn zum menschlichen Körper, weßhalb die Seele nach Scotus per se und essentialiter Form des Leibes ist; sie ist ein wahrhaft informirendes Princip, das dem Leibe das substantielle Sein mittheilt. In der ganzen mittelalterlichen Schule, sowohl bei Scotisten als Thomisten, war man einig, daß die Pluralität der Formen im Compositum kein mehrfaches Sein verursache und der substantiellen Einheit keinen Eintrag thue. Aegydius Romanus, der selber mit aller Entschiedenheit die Einheit der Form im Menschen festhält, vertheidigt gleichwohl den Satz: Omnis formarum pluralitas non plura esse, sed plures modos essendi aut plures determinationes materiae vel subjecti causat et efficit. Quare sive una sive plures formae in re composita esse dicantur, semper tamen est unum tantum esse uniuscujusque rei[1]). Die Kirche hatte in Folge dieser gemeinsamen Vertheidigung der Substanzeinheit im Menschen nicht die mindeste Veranlassung, bezüglich der Pluralität der Formen eine Entscheidung zu treffen.

Daraus, daß Scotus unter die Verurtheilung des Concils nicht fällt, folgern unsere Gegner, daß auch ihre Lehre kirchlich vollkommen correkt sei, da sie nur dem Scotus folgen. Sie seien wohl Atomisten und stimmen dem doctor subtilis in seiner Lehre von der materia prima und forma substantialis nicht bei, aber der Schwerpunkt in

---

1) In seinem Tractat „de esse et essentia".

dieser Frage liege nicht darin, ob man die scotistische Körperlehre acceptire, sondern darin, daß sie, wie Scotus, zu dem schon constituirten Körper die Seele hinzukommen lassen.

Es fällt uns wohl nicht ein, die Verurtheilung des Concils auf unsere Gegner anzuwenden, es fällt uns dies um so weniger ein, als auch sie das einheitliche Sein des Menschen mit allen Kräften festhalten. Aber das müssen wir bestreiten, daß derselbe Grund sie von der kirchlichen Censur befreit, der den Scotus der Verurtheilung entzieht. Wir brauchen hier nicht mehr viel Worte zu verlieren; wir haben hinreichend bewiesen, daß die Lehre des Scotus nicht blos in der Kosmologie, sondern auch in der Psychologie eine wesentlich andere ist, als die eines Palmieri oder Bottalla. Nicht darin liegt der Schwerpunkt, daß nach den Atomisten, wie nach den Scotisten, die Seele sich mit einem schon constituirten Körper verbindet, sondern darin liegt er, ob der durch die forma corporeitatis actualisirte Körper mit dem Körper identisch ist, den die Atomisten als Wesenstheil des Menschen annehmen. Zu der Behauptung dürfte sich aber weder ein Palmieri noch Bottalla versteigen, daß der Körper des Menschen, wie ihn der heutige chemische Atomismus auffaßt, von dem unbestimmten und in seinem körperlichen Sein unvollendeten und incompleten Körper des Scotus nicht verschieden sei. Während nach Scotus die Seele dem Leibe ihr vollendendes und completirendes Sein mittheilen und ihn dadurch zur menschlichen Substanz bestimmen kann, bleibt es unerfindlich, was die Seele den in ihrem Sein completen Atomen des Sauerstoffes oder Kohlenstoffes geben und mittheilen kann; es bleibt unerfindlich, wie die Seele noch substantielle Form sein kann.

Wenn wir aber auch zugeben, daß die scotistische Lehre vom Concil nicht berührt wird, so wollen wir damit keineswegs behaupten, als entspreche dieselbe ebenso gut dem Tenor des Concilsausspruches, wie die thomistische. Im Gegentheil, wir sind der festen Meinung, daß die Lehre des Engels der Schule der Forderung des Concils mehr gerecht wird, als die des scharfsinnigen Doctors. Nur in der thomistischen Doctrin ist die Seele im wahren und vollen Sinne per se und essentialiter Form des menschlichen Körpers. Zur Bekräftigung dieser Ansicht seien außer dem früher Gesagten noch einige Gedanken angefügt.

Die scotistische Doctrin dürfte vor Allem deßwegen dem Concilsausspruche nicht ganz conform sein, weil sie in sich widersprechend ist. Die forma corporis soll eine forma incompleta sein, welche nur ein allgemeines Körpersein verleiht, aber kein specifisches und noch weniger ein individuelles. Aber ist der Leichnam kein bestimmtes Sein, kein Individuum? Und wenn die forma corporeitatis während des Lebens dieselbe ist, wie nach dem Tode, warum soll nicht der durch diese Form constituirte Körper in den lebenden Wesen ein ebenso bestimmtes, specifisches Sein haben, wie der Cadaver? Ein anderer Widerspruch scheint darin zu liegen, daß Scotus durch seine forma mixtionis etwas Generisches wirklich sein läßt, während doch die Gattung etwas Logisches ist, und wenn sie wirklich wird, nur in ihren Arten existiren kann.

Unter forma substantialis versteht die Schule jene, welche ihrem Subjecte das erste, substantiale Sein gibt, während sie jedes weitere Sein, das zum ersten Sein hinzukommt, eine accidentelle Form nennt. Nur nach der thomistischen Lehre kann die Seele im vollen Sinne eine substantiale Form sein, weil sie dem körperlichen Stoffe das erste Sein verleiht, wodurch er zur körperlichen Substanz erhoben wird. Dagegen hat Scotus Mühe, die Seele als substantiale Form anzuerkennen, weil sie dem Leibe nicht mehr das erste Sein gibt, sondern ein esse secundarium. Seine Lehre ist darum auch aus diesem Grunde dem Canon des Concils weniger conform.

Das Concil wollte ganz besonders die substantiale Einheit des Menschen statuiren; der Mensch ist nur Eine Natur und Wesenheit. Sicher ist die Einheit des Seins am meisten durch den Aquinaten gewahrt, der lehrt, daß sich Leib und Seele zu einander verhalten, wie materia prima und forma substantialis. Wir wissen, daß Scotus mit gleicher Entschiedenheit das einheitliche Sein des Menschen festhalten will, aber es kommt nicht darauf an, was der doctor subtilis will, sondern darauf kommt es an, ob er die Wesenseinheit festhalten kann. Da der Körper ohne die Seele ein Sein im Menschen hat, so ist es schwer begreiflich, wie dieses Sein mit der Seele sich zu einer substantialen Einheit verbinden kann. Scotus sagt allerdings, daß der durch die forma corporis gebildete Körper die Vereinigung mit der Seele fordert, aber abgesehen davon, daß diese Forderung, wie Zigliara bemerkt, eine willkürliche Behauptung ist, bleibt es immer höchst fraglich, ob eine solche Forderung eine einzige Natur begründen kann. Eine solche Forderung führt höchstens zu einer Einheit in der Person, aber nicht zu einer Einheit im Wesen. Oder könnten nicht mit demselben Rechte die Dualisten und Trichotomisten sagen, daß die Annahme von zwei oder drei distinkten Principien im Menschen durchaus der Einheit des

Menschen keinen Eintrag thue, da diese Principien sich gegenseitig fordern? Das vegetative Princip ist für sich incomplet und fordert das sensitive, und letzteres, weil ebenfalls incomplet, fordert die vernünftige Seele, welche alle anderen Formen completirt.

Diese Gründe, die wir leicht vermehren könnten, rechtfertigen unsere Ansicht, daß die thomistische Lehre dem Inhalte des Concils von Vienne mehr entspricht, als die scotistische; sie rechtfertigen auch, wenn wir in der Schrift von „Materie und Form" in diesem Sinne die Lehre des h. Thomas über das Verhältniß von Seele und Leib von der Kirche definirt sein lassen. Ramière und Bottalla werfen dem Verfasser vor, daß er nur die thomistische Lehre dem Concilsausspruche conform sein lasse, so daß nach ihm die scotistische verurtheilt sei. Der Verfasser hat in der genannten Schrift von der scotistischen Lehre speciell nicht gesprochen; er hat in dem Kapitel, das von den kirchlichen Entscheidungen in dieser Frage handelt, nicht von der thomistischen Lehre ausschließlich gesprochen, sondern immer von der scholastischen oder peripatetischen Lehre. Derselbe hat an einer andern Stelle ausdrücklich behauptet, daß Scotus im Wesentlichen von der allgemeinen Doctrin nicht abweiche. Es ist somit der Vorwurf nicht gerechtfertigt, daß der übergroße Eifer für die thomistische Lehre den Verfasser zu Extravaganzen und zu Uebertreibungen der Verdienste der thomistischen Doctrin gebracht habe.

Es erübrigt noch, des Briefes zu erwähnen, den der Monsignore Czacki im Auftrage Pius IX. an den Rector der Universität Lille geschrieben hat, da man denselben gegen den Thomismus und für den Atomismus zu verwerthen sucht. Derselbe enthält zwei Punkte, die für unsern Zweck von Belang sind. Czacki schreibt, daß jenes Breve Pius IX. an den Gründer der medicinisch-philosophischen Akademie des h. Thomas, in welchem die thomistische Doctrin über das Wesen der Körper belobt und empfohlen wird, durchaus nicht die der thomistischen Lehre entgegengesetzten Doctrinen verwerfen will. Im zweiten Punkte dieses Briefes wird erklärt, daß die Decrete Pius IX. bezüglich der Günther'schen Lehre nicht die philosophische Frage über das Wesen der Körper betreffen, sondern daß sie nur die theologische Lehre von der substantialen Einheit der menschlichen Natur feststellen.

Es ist nicht einzusehen, wie aus diesen zwei Punkten etwas gegen die Lehre des Engels der Schule folgen soll. Dieser Brief hebt nicht auf, wenn der Papst in seinem Breve die Akademie lobt, weil sie nur solche aufnehmen will, die sich zur Lehre von der forma substantialis und materia prima im Sinne des h. Thomas bekennen; er hebt nicht auf, daß der Papst im selben Breve in der thomistischen Lehre über die Körper und das Wesen des Menschen ein Heilmittel findet, das die Naturwissenschaft und die Medicin zu den gesunden Principien der Philosophie zurückzuführen und dadurch den Materialismus zu überwinden vermag.

Wenn Pius IX. erklären läßt, daß die Documente gegen Günther nur die Einheit der menschlichen Natur bekräftigen wollten, so ist auch damit nichts gegen unsere Lehre erbracht. Wenn etwas aus dieser Erklärung folgt, so ist es für die Doctrin des Aquinaten günstig. Die unitas substantialis vermag weder das skotistische System hinreichend zu erklären, noch weniger das atomistische, sondern allein das thomistische, wie wir dargethan haben. Es ward deßhalb dem Saubé nicht schwer, in diesem Briefe des Czacki eine Bestätigung des Thomismus und ein neues Zeugniß für seine Wahrheit zu finden[1].

Daß aus diesem Briefe nicht das Mindeste gegen den h. Thomas gefolgert werden kann, beweist unwiderleglich das Verlangen des gegenwärtigen Papstes, daß in den Jesuitenschulen die Lehre von Materie und Form im Sinne des englischen Lehrers vorgetragen werden soll. Der General der Gesellschaft Jesu hat diesem Verlangen dadurch Ausdruck gegeben, daß er in einer Encyklika vom 1. November 1878 diese Doctrin mit den Worten zur Vorschrift macht: Eam eligo tum quia Theologiae magis utilis atque ideo nostris convenientior videtur, tum maxime quia ad praecipua capita illius philosophiae pertinet, quam SS. D. N. in scholis Societatis tradi desiderat[2].

Der Streit in dieser Frage hat bisher den Erfolg gehabt, daß die Philosophie des h. Thomas mehr studirt und tiefer erfaßt wurde und daß ihr viele neuen Freunde gewonnen wurden; er wird damit enden, daß auch in unseren Tagen die Lehre des Engels der Schule über den Atomismus siegen wird, wie einst dieselbe Lehre über den antiken Atomismus gesiegt hat.

---

[1] Le bref de notre Saint-Père le Pape au Docteur Travaglini et la lettre de Mgr. Czacki. Paris 1877.
[2] Cornoldi „Institutiones Philosophiae". Bononiae 1878. p. 518.

Inhaltsverzeichniß.

	Seite
Vorrede	III
Einleitung	1
Erstes Kapitel: Das Wesen der unorganischen Körper	3
Zweites Kapitel: Das Wesen der organischen Körper und des Menschen	11
Drittes Kapitel: Das Verhältniß der skotistischen Lehre zur thomistischen	19
Viertes Kapitel: Die Körperlehre des Alexander v. Hales, Albertus Magnus, Bonaventura, Heinrich v. Gent, Durandus, Suarez und anderer Scholastiker	24
Alexander v. Hales	25
Albert d. Gr.	30
Bonaventura	39
Heinrich v. Gent	45
Durandus	51
Suarez	56
Fünftes Kapitel: Die Verurtheilungen der Lehre des heil. Thomas	66
Sechstes Kapitel: Das Verhältniß der skotistischen und thomistischen Lehre zum Atomismus	76
Siebentes Kapitel: Das Concil von Vienne	103